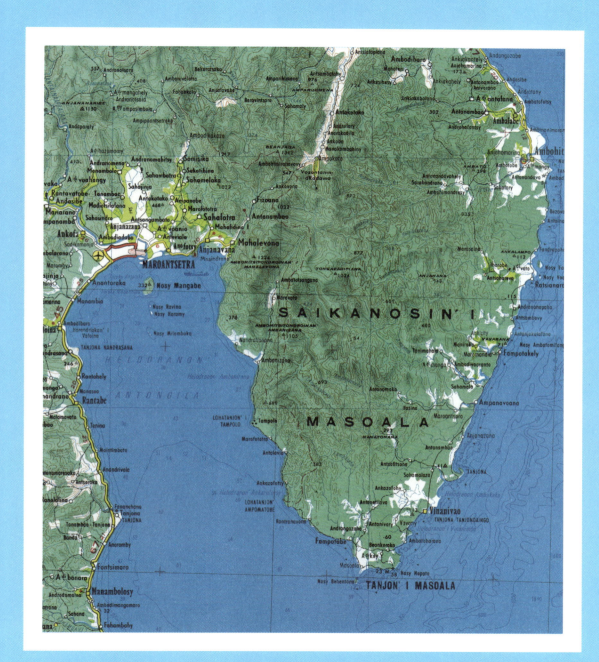

Masoala – das Auge des Waldes

Dieses Buch entstand mit der grosszügigen Unterstützung der **Familien-Vontobel-Stiftung**.

Ein Projekt der Wildlife Conservation Society und des Zoo Zürich.

Masoala – das Auge des Waldes

Eine Überlebensstrategie für den Regenwald in Madagaskar

Alex Rübel, Zoo Zürich
Matthew Hatchwell, Wildlife Conservation Society
James MacKinnon, Wildlife Conservation Society
Priska Ketterer, Fotografin

Mit einem Vorwort des Präsidenten von Madagaskar, Marc Ravalomanana

Inhalt

Seite 7 **Vorwort**
Seine Exzellenz, Marc Ravalomanana, Präsident der Republik Madagaskar

Seite 9 **Eine einzigartige Partnerschaft zum Schutz des Regenwaldes**
Alex Rübel und Matthew Hatchwell

Seite 27 **Vom Riff zum Regenwald – die Flora und Fauna Masoalas**
James MacKinnon

Seite 45 **Die Menschen in Masoala**
Matthew Hatchwell

Seite 67 **Die Geschichte von Masoala, Nosy Mangabe und der Bucht von Antongil**
Matthew Hatchwell

Seite 85 **Der Masoala Nationalpark entsteht**
Matthew Hatchwell

Seite 111 **Der Masoala Regenwald im Zoo Zürich**
Alex Rübel

Seite 123 **Vision für die Zukunft**
Matthew Hatchwell

Seite 135 **Über die Autoren**

Seite 137 **Abkürzungen und Danksagung**

Seite 138 **Quellen und weiterführende Literatur**

Bild Seite 4:
Die fleischfressende Kannenpflanze *Nepenthes masoalensis* ist in Masoala endemisch. Man findet sie nur noch an zwei Stellen im Nordosten des Parks.

Die meisten madagassischen Orchideen sind weiss, dadurch in der Dunkelheit gut sichtbar und werden von langrüssligen Nachtfaltern bestäubt.

REPOBLIKAN'i MADAGASIKARA
Tanindrazana – Fahafahana – Fandrosoana

Madagaskar hat einen natürlichen Reichtum, der auf der Welt einzigartig ist. Fünfundzwanzig Prozent aller afrikanischen Pflanzen kommen auch in Madagaskar vor, davon findet man achtzig Prozent nirgends sonst auf der Welt. Ein grosser Teil der Grossen Insel wurde in den vergangenen Jahrzehnten durch Buschfeuer und Erosion zerstört.

Meine Regierung und ich sind uns bewusst, dass dieser natürliche Reichtum Madagaskars nicht nur für uns von unschätzbarem Wert ist, sondern für die gesamte Menschheit.

Wir besitzen ein Netzwerk von 46 geschützten Reservaten von insgesamt 17 000 Quadratkilometern. Wir haben beschlossen, diese Gebiete in den nächsten fünf Jahren auf 60 000 Quadratkilometer zu erweitern.

Zwischen einer harmonischen wirtschaftlichen Entwicklung und dem Schutz der Artenvielfalt besteht eine enge Verbindung. Allianzen zwischen Madagaskar und internationalen Organisationen sind nötig, um diese zwei Herausforderungen zu bewältigen. Die Allianz zwischen der Regierung Madagaskars, der ANGAP, der Wildlife Conservation Society, dem Zoo Zürich, CARE International, dem WWF und anderen Organisationen, die am Aufbau der Masoala Partnerschaft in und ausserhalb Madagaskars gearbeitet haben, ist ein hervorragendes Beispiel, was erreicht werden kann, wenn wir zusammen ein gemeinsames Ziel im Auge haben.

Ich begrüsse dieses Projekt und den Bau des Masoala Regenwaldes in Zürich als Schaufenster für Madagaskar in Europa. Wir hoffen, dass er die Zoobesucher motiviert, in unser wunderschönes Land zu reisen und dabei nicht nur zum Schutz der Tierwelt, sondern auch zur wirtschaftlichen Entwicklung beizutragen. Beides kann für unser Volk einen Gewinn bedeuten.

Seine Exzellenz,
Marc RAVALOMANANA
Präsident von Madagaskar

Eine einzigartige Partnerschaft zum Schutz des Regenwaldes

Alex Rübel und Matthew Hatchwell

Zum Schutz des Regenwaldes haben der Zoo Zürich, die Wildlife Conservation Society, die zusammen mit der ANGAP, den Nationalparkbehörden Madagaskars, den Nationalpark betreibt, und der Nationalpark Masoala beschlossen, in einem einzigartigen Projekt zusammenzuarbeiten.

Der Masoala Nationalpark im Nordosten Madagaskars ist das grösste und wahrscheinlich auch artenreichste Gebiet in einem Land, das als Ganzes als Hotspot der Artenvielfalt bezeichnet wird und deshalb erste Priorität hat für die Erhaltung der Tier- und Pflanzenwelt. Der Park liegt im Osten der Bucht von Antongil auf einer Halbinsel, deren Abhänge mehr als die Hälfte aller Arten beheimatet, die es in Madagaskar gibt. Er umfasst Korallenriffe – sie entsprechen in Bezug auf ihre Artenvielfalt den Regenwäldern an Land – sowie Regenwälder, ununterbrochen von der Küste bis auf 1300 Meter über Meer. Masoala ist der einzige Lebensraum des wunderschönen Roten Varis, und dort leben äusserst seltene Vögel wie die Rote Eule oder der madagassische Schlangenadler. Neuentdeckungen durch Wissenschafter bei den Pflanzen, Insekten, den Amphibien und Reptilien sind an der Tagesordnung. Buckelwale und Hammerkopf-Haie brüten in der benachbarten Bucht von Antongil, Meeresschildkröten legen ihre Eier in die Sandbänke, und die Dugongs, die Seekühe, finden hier einen der letzten Zufluchtsorte, in dem sie bis heute überlebt haben. Seit Jahrhunderten kennen die Einheimischen die Halbinsel unter dem Namen Masoala – das Auge des Waldes – ein ausgezeichneter Name für dieses faszinierende Juwel der Artenvielfalt.

Der Zoo Zürich liegt viele Tausend Kilometer entfernt im Herzen Europas und wird 2004 75 Jahre alt. Er ist einer der höchstgelegenen Zoos in Europa (620 mü.M.). Im Winter können die Temperaturen bis auf minus 20 °C sinken, und Schnee liegt oft während Monaten auf dem Gebiet des Zoos. Der Zoo Zürich wurde in den 50er Jahren bekannt, als Prof. Dr. Heini Hediger Direktor des Zoos wurde. Er gilt als Begründer der Tiergartenbiologie, die die Tierhaltung in den Zoos weltweit entscheidend revolutioniert hat und die Grundlage dafür war, dass heute viele Zoos auf einer wissenschaftlichen Grundlage geführt werden. Zu den Highlights im Zoo gehören die Zuchtgruppe Asiatischer Elefanten, die grossen Familien bei

Bild Seite 8:
Der Masoala Regenwald: ein Schweizer Schaufenster für ein bedrohtes Ökosystem am anderen Ende der Welt.

Die lauten Rufe der Frösche (hier ein Riedfrosch *Heterixalus alboguttatus*) sind charakteristisch für alle Regenwälder der Welt.

den Gorillas, Orang-Utans und Schimpansen, viele südamerikanische Tiere, aber auch die vielen Erstzuchten in Menschenhand, die der Zoo Zürich bei Tierarten ausweisen kann. In den 70er Jahren begann der Zoo sich für den Schutz *in situ* einzusetzen mit einem Projekt zur Erhaltung des Schneeleoparden im Himalajagebiet. Der Zoo Zürich hat in den letzten Jahren seine Naturschutzarbeit in der Wildnis verstärkt, seine Anlagen modernen Haltungsrichtlinien angepasst und verfolgt mit den anderen führenden Zoos der Welt eine Strategie, die die Naturschutzarbeit zur Erhaltung der Artenvielfalt als zentrales Ziel seiner Aktivitäten definiert.

Die grosse Bedeutung Masoalas für den Naturschutz ist seit einer Weile bekannt. In den letzten 15 Jahren war es vor allem die Wildlife Conservation Society (WCS), die dort engagiert war. Einzigartig ist die Zusammenarbeit zwischen Masoala und dem Zoo Zürich. Dies ist die Geschichte dieses Buches. Die Partner setzen sich für die dringend notwendige Erhaltung eines der wichtigsten, artenreichsten Gebiete der Welt in einem armen Land ein und vereinigen diese Naturschutzarbeit mit den Stärken eines modernen Zoologischen Gartens als Naturschutzzentrum mit den entsprechenden PR-Möglichkeiten in einer finanzkräftigen Weltstadt.

Die Informationstafeln für den Masoala Regenwald wurden vom gleichen madagassischen Künstler gemalt, der diese für den Masoala Nationalpark gestaltete.

Die Rolle des Zoos

Der Zoologische Garten ist eine Kulturinstitution, von Menschen für Menschen gestaltet. Als Spiegel der Gesellschaft muss er sich mit dieser weiterentwickeln. Seit der Tiergarten Schönbrunn als erster noch bestehender, anerkannter Zoo seine Tore 1752 öffnete, haben sich die Welt und unsere Gesellschaft grundlegend verändert. Wo der Mensch sich mit den Risiken von Naturkatastrophen und gefährlichen Tieren auseinander setzen musste, ist es heute unsere Umwelt und das Ökosystem, die vom Menschen zerstört werden. Ein Grossteil der reichsten Lebensräume der Erde, der Wälder, ist verschwunden. Der Zoo wird für die Bevölkerung, die immer mehr verstädtert, zum Notausgang zur Natur.

Der moderne, wissenschaftlich ausgerichtete und als Naturschutzzentrum konzipierte Zoologische Garten des 21. Jahrhunderts unterscheidet sich deutlich von den Menagerien und Tiersammlungen des 18. und 19. Jahrhunderts. Um dieser Herausforderung gerecht zu werden, formulierte die World Association of Zoos and Aquariums unter Einbezug der Conservation Breeding Specialist Group (CBSG), einer Gruppe der Naturschutzorganisation IUCN, 1992 die Welt-Zoo-Naturschutzstrategie. Die Strategie weist hin auf das gewaltige Potential der Zoos als öffentliche kulturelle Institutionen, die als Naturschutzzentren für bedrohte Arten und Lebensräume dienen können. Mehr als 650 Millionen Zoobesucher können jährlich mit Informationen zum Naturschutz erreicht werden.

Der moderne Zoo will Naturschutzzentrum werden. Er richtet seine Strategie und seine Aktivitäten auf den Naturschutz aus. Die Erhaltung von Tieren und Pflanzen kennt keine Grenzen. Für das Gleichgewicht in der Natur braucht es den Schutz in unserer engeren Umgebung genauso wie die Erhaltung der bedrohten Tiere und Lebensräume in fernen Ländern. Wir verstehen den Zoologischen Garten als PR-Agentur für diese Tiere und die Natur. Die Stärke der Zoologischen Gärten ist ihre Möglichkeit, einem grossen und interessierten Publikum die Anliegen des Naturschutzes anhand von lebenden Botschaftern näher zu bringen. Die Beziehung zum lebenden Tier, zu seiner Umwelt, ist nirgends so tief, als wenn man sie direkt erleben kann. Gelingt es zudem, eine Mensch-Tier-Beziehung aufzubauen, wirkt diese inspirierend und als effizienter Motivator, etwas für die Erhaltung der faszinierenden Tierwelt und ihrer Lebensräume zu tun. Je konkreter der Zoo dem interessierten Besucher eine Erfahrung mit dem lebenden Tier in einem naturnahen Raum ermöglicht, desto tiefer wird die Beziehung und umso effizienter wird die Kommunikation über die Hintergründe der Bedrohung und Chancen der Tierwelt.

Weshalb Masoala?

Wieso gerade die Zusammenarbeit mit Masoala? Mit einem Nationalpark, von dem ausserhalb Madagaskars kaum jemand etwas gehört hat, kaum weiss, wo Madagaskar liegt und dass es zu den ärmsten Ländern der Welt gehört. Madagaskar ist eines der drei weltweit wichtigsten Gebiete in Bezug auf die Artenvielfalt. Die lange eigene Evolutionsgeschichte Madagaskars ist die Ursache, dass sich Flora und Fauna unabhängig von Afrika und Asien entwickeln konnte. Dank der unterschiedlichen Topografie, Geologie und Klima konnten

Die Welt-Naturschutzstrategie 1980 und die Konvention zum Schutz der Artenvielfalt 1992 zeigen auf, dass die Gemeinschaft der Zoos helfen kann, die Naturschutzziele zu erreichen:
1. Durch eine aktive Unterstützung des Schutzes von gefährdeten Tierarten und ihrer natürlichen Lebensräume.
2. Durch Bereitstellung von Forschungseinrichtungen und Wissen, die dem Naturschutz dienen.
3. Durch Förderung der Öffentlichkeitsarbeit für die Anliegen des Naturschutzes, der Nachhaltigkeit und eines Gleichgewichts zwischen Mensch und Natur.

Es brauchte zehn Jahre und Hunderte von Sitzungen (hier mit den Vertretern von ANGAP, CARE International, KiPlant, der Wildlife Conservation Society und des Zoo Zürich) um die Partnerschaft aufzubauen, die in der Eröffnung des Masoala Regenwaldes 2003 gipfelte.

sich die verschiedensten Tiere und Pflanzen entwickeln mit einem hohen Anteil an Endemie und vielen Vertretern primitiver Ordnungen, die sonst nirgends auf der Erde vorkommen. Der Artenreichtum erreicht seinen Höhepunkt in den Regenwäldern. Auf der Masoala Halbinsel steht der grösste Teil des verbleibenden Regenwaldes Madagaskars.

Der biologische Wert der Halbinsel wird durch die Lage der Insel noch erhöht. Ihr zentrales Massiv ist gebirgig und dicht bewaldet. Die lange Küste variiert in ihrer Art, umfasst verschiedenartige Lebensräume und ausgedehnte Korallenriffe. Im Westen umfasst die Halbinsel die relativ geschützte Bucht von Antongil und gibt der darin gelegenen Insel Nosy Mangabe Schutz. Diese wurde bekannt als Spezialreservat für die Erhaltung der Fingertiere, die dort vom Festland her 1966 umgesiedelt wurden. Die Halbinsel ist relativ abgelegen und sowohl zu Land als zu Wasser schwierig erreichbar. In der Vergangenheit war die Einwohnerzahl lange gering, was den relativ intakten Wald erklärt. Aber der Bedarf für den Naturschutz in Masoala ist heute ebenso gross wie der Wert der Halbinsel in Bezug auf ihre Artenvielfalt: Die letzte Schätzung geht von 85 000 Einwohnern auf 450 000 Hektaren aus, das sind 20 Leute pro Quadratkilometer, wenig im Vergleich mit anderen Gebieten, aber genug, um die zunehmende Zerstörung der Wälder Masoalas zu erklären.

Der Zoo Zürich beschloss 1991, eine neue, beispielhafte Anlage zu bauen, die auf einem modernen Zoo-Naturschutzkonzept basiert und Grundlage für eine enge Zusammenarbeit mit einem Naturschutzprojekt in der Wildnis bietet. Der Zoo Zürich setzt traditionell auf die exotische Tierwelt. Die Wahl von Madagaskar und Masoala im Besonderen war deshalb logisch. Der Zoo war sich bewusst, dass seine Stärken in der Naturschutz-Aufklärungsarbeit in der Schweiz liegen. Er strebte deshalb von Beginn weg eine enge Zusammenarbeit mit Partnern an, die ihre Aktivitäten wissenschaftlich abstützen und ihr Know-how im Umgang mit der Bevölkerung und dem Management in den Ursprungsgebieten haben.

Es ist ungewöhnlich für eine Zooanlage, dass sie, wie der Masoala Regenwald, die Anwesenheit des Menschen in der Landschaft Masoalas in seiner ganzen Komplexität zeigt. Diese Pirogen wurden in Madagaskar hergestellt und sind nun Teil des Zürcher Regenwaldes.

Die 25 Hotspots der Welt:

Tropische Anden
Mesoamerika (Zentralamerika und Mexiko)
Karibik
Darién-Chocó-West-Ecuador
Atlantischer Regenwald (Brasilien)
Brasilianischer Cerrado
Zentral-Chile
Kalifornische Küsten- und Bergregionen
Madagaskar und Inseln des Indischen Ozeans
Berg- und Küstenwälder Tansanias und Kenias
Kapprovinz (Südafrika)
Namaqualand und Karoo (Namibia und Südafrika)
Westafrikanische Regenwälder
Mittelmeerraum
Kaukasus
Sundaland (Indonesien und Malaysia)
Philippinen
Wallacea (Sulawesi, Molukken und umliegende Inseln)
Indo-Burma
Bergregion des südlichen Zentralchinas
West-Ghats (Indien) und Sri Lanka
Neukaledonien (Melanesien)
Neuseeland
Mikronesien und Polynesien
Südwestaustralien

Als sich der Zoo 1994 für Masoala entschieden hat, war klar: Masoala ist einmalig bezüglich seiner Fauna und Flora. Es wurden Partnerschaften aufgebaut mit der Entwicklungshilfeorganisation CARE International und mit der in Bezug auf ihre wissenschaftlichen Naturschutz-Programme und ihre Erfahrung im Management von Naturreservaten bekannten Wildlife Conservation Society (WCS), die als Zoo-Organisation dem Zoo Zürich in ihrer Zoophilosophie besonders nahe steht. (Die Wildlife Conservation Society ist eine unabhängige amerikanische Naturschutzorganisation mit Sitz in New York. Neben vielfältigen Programmen in der Wildnis betreibt sie die weltbekannten Bronx Zoo, Central Park Zoo, New York Aquarium und zwei weitere Zoos in New York.)

Die Partnerschaften waren Garant, dass sich der Zoo in diesem Projekt auf seine Stärken im Naturschutz konzentrieren konnte, ohne seine Kräfte zu sehr zu verzetteln oder in Gebiete vorstossen zu müssen, in denen das Know-how fehlt. Die Zusammenarbeit mit dem madagassischen Ministerium für Wald und Wasser und mit der ANGAP, der madagassischen Naturschutzbehörde, garantierte, dass dieses Zooprojekt von Beginn weg eng mit den madagassischen Behörden koordiniert worden war.

Eines der wichtigsten Kriterien war die Möglichkeit, zwischen der Bevölkerung der Schweiz und Masoalas eine nähere Beziehung aufzubauen. Die madagassische Bevölkerung kann durch die Unterstützung des Nationalparks und durch den Ökotourismus von der Schweizer Bevölkerung profitieren. Diese wiederum hat Gelegenheit, eines der schönsten und naturhistorisch spannendsten Gebiete der Erde in der Schweiz und als Tourist vor Ort kennen zu lernen und so zur Erhaltung der bedrohten Tier- und Pflanzenwelt beizutragen.

Natürlich spielten auch verschiedene Kriterien, die sich aus der Strategie des Zoos ergeben, für die Auswahl von Masoala eine massgebende Rolle. Mit dem Masoala Regenwald sollte nicht nur eine moderne Zooanlage entstehen, es war auch ein Ziel, eine einmalige Sehenswürdigkeit zu schaffen, die weit über die Landesgrenzen hinaus auf Interesse stossen und eine Attraktion für den Tourismus Zürichs wird. Die Anlage im Zoo Zürich sollte ein tief greifendes, authentisches Naturerlebnis ermöglichen. Sie soll dem Besucher zeigen, wie Erde, Pflanzen und Tiere in einem Ökosystem von- und miteinander leben. Es ist wichtig, dass der Besucher die Tiere möglichst naturnah erleben kann, ohne Schranken, ohne Gitter, als eine Art unter Wirbellosen, Fischen, Amphibien, Reptilien, Vögeln und Säugern. Geschützte Lebensräume ohne Menschen sind undenkbar. Der Mensch sollte deshalb ganz in der Ökosystemausstellung aufgehen, mit den Tieren im Lebensraum leben. Wo ist das besser möglich als im dreidimensionalen Lebensraum Regenwald? Der Masoala Regenwald eignet sich für diese

Zielsetzungen besonders gut. Die dort lebenden Tiere werden dem Menschen nicht gefährlich, es gibt keine grossen Raubtiere und keine giftigen Schlangen. Die enge Zusammenarbeit mit dem entstehenden Nationalpark eignet sich auch ausgezeichnet, um aktuelle Geschichten zu erzählen. Nicht zuletzt nimmt das Konzept des Masoala Regenwaldes auch die Forderung nach einer naturnahen Haltung der dem Zoo anvertrauten Tiere auf. Rote Varis und Tomatenfrösche leben seit vielen Jahren in Zürich. Der grosszügig ausgelegte Masoala Regenwald bietet Nischen, optimale Lebensräume und Nachzuchtmöglichkeiten für viele bedrohte Tierarten.

Konzept der Partnerschaft Zoo Zürich – Masoala

Mit ihrem Erlebnis und einer entsprechenden Information sollen die Besucher des Masoala Regenwaldes im Zoo motiviert werden, direkt zur Erhaltung des Nationalparks beizutragen. Sie haben ebenso die Möglichkeit, Masoala als Touristen zu besuchen und sich selbst ein Bild von der Schönheit und Vielfalt des Regenwaldes zu machen und damit ebenfalls zum Naturschutz und zur Entwicklung durch den Ökotourismus beizutragen.

Natürlich sieht die Partnerschaft aus der Sicht Madagaskars etwas anders aus, obwohl das gemeinsame Ziel des Naturschutzes mithalf, eine gute Zusammenarbeit aufzubauen.

Noch immer ist in den Diskussionen und wissenschaftlichen Publikationen stark umstritten, welche Massnahmen mehr oder weniger zum Schutz der Natur beitragen. In Ländern wie Madagaskar ist offensichtlich, dass Armut und Naturzerstörung Hand in Hand gehen. Es ist unmöglich, Naturschutz zu betreiben, ohne dass man zusätzlich Massnahmen ergreift, die zur Verbesserung der Lebensgrundlage der Bevölkerung oder zur Verbesserung der wirtschaftlichen Lage der Region beitragen. Es war deshalb von Beginn weg klar, dass

Die meisten Häuser in der Masoala Region sind aus kleinen Baumstämmen und den Blättern der *Ravenala*, des Baums der Reisenden, gebaut.

das Nationalparkprojekt, das die verschiedenen Partner verfolgten, eine bedeutende Entwicklungskomponente beinhaltet.

Das Interesse der madagassischen Partner (Ministerium für Wald und Wasser und ANGAP) und von CARE und WCS, die Zusammenarbeit mit dem Zoo Zürich zu fördern, basierte auf dem gemeinsamen Verständnis, die gleichen Ziele zu verfolgen. Aus dieser Sicht sind dies in erster Linie:

1. Die Anzahl der Organisationen zu vergrössern, die die Gründung einer neuen Schutzzone in Masoala unterstützten.
2. Zusätzliche Unterstützung zu finden für einzelne Entwicklungsaktivitäten rund um den neuen Park.
3. Massnahmen zu finden, die die langfristige Finanzierung des Nationalparks garantierten, wenn einmal die Finanzierung des Integrierten Naturschutz- und Entwicklungsprojekts für Masoala durch internationale Organisationen ausläuft.

Wird Hügelreis – *vary an tanety* – nach dem System des *tavy* angepflanzt, setzt man ihn direkt in die Asche und Überreste des verbrannten Waldes.

Die ersten Schritte zum Schutz Masoalas

1990 erliess die Regierung Madagaskars einen Aktionsplan zur Erhaltung der Umwelt. Es ging darum, die Spirale der Umweltzerstörung zu unterbrechen, die Artenvielfalt zu schützen und gleichzeitig die Lebensbedingungen der bäuerlichen Bevölkerung Madagaskars zu verbessern. Masoala, obwohl sehr unzugänglich und kaum erforscht, war insbesondere bekannt als Ort mit grösster Artenvielfalt. Kurz nach der Unabhängigkeit von Frankreich beschloss Madagaskar, den Anteil an geschützten Flächen im Land zu erhöhen und machte eine neue Schutzzone in Masoala zur Priorität. Ökologische Studien Mitte der 80er Jahre zeigten, dass der das Bergmassiv Masoalas bedeckende tropische Wald wegen der an die Meeresufer reichenden Regenwälder besonders wertvoll war, ein Lebensraum, der nicht nur in Madagaskar, sondern weltweit fast nirgendwo mehr vorkommt.

Seit 1988 sind nun Naturschutzaktivitäten im Gang und seit 1995/96 sind die wichtigsten Bedrohungen der Halbinsel durch die wachsende Bevölkerung genauer bekannt. Dazu gehören Brandrodungen *(tavy)*, illegaler Holzschlag, Jagd, Überfischung, perverse Gesetze in Bezug auf Landbesitz, keine Durchsetzung des geltenden Rechts, Bevölkerungs-

Gelegentlich werden Delphine versehentlich als Beifänge beim Fischen von Hammerhaien gefangen. Hunderttausende von Haien werden jedes Jahr in madagassischen Gewässern gefangen, um die Nachfrage nach Haifischflossensuppe im Fernen Osten zu befriedigen.

Die Wälder der Hänge um die Bay von Antongil mit dem Masoala Nationalpark bedecken zwei Prozent Madagaskars, enthalten aber 50 Prozent seiner Biodiversität.

wachstum und die Konkurrenz von fremden Firmen um die natürlichen Ressourcen, die kein Interesse an nachhaltiger Nutzung haben.

Als Folge der Vereinbarung zwischen dem Zoo Zürich und dem Ministerium für Wald und Wasser (MEF), mit CARE International und später der WCS wurde der Zoo ein aktiver Partner bei der Gründung des Masoala Nationalparks und später seines Managements. Mit 2300 Quadratkilometern ist die 1995 vorgeschlagene Schutzzone bedeutend. Bedrohte Arten finden in grösseren Gebieten einfacher eine Nische und haben dadurch eine grössere Überlebenschance. Allein die Grösse des Nationalparks Masoala, der heute das grösste Schutzgebiet in Madagaskar ist, ist eine seiner Stärken.

Unterstützung für die Entwicklungsarbeit
Der Schutz der Artenvielfalt Masoalas ist eng verbunden mit den Lebensgrundlagen der einheimischen Bevölkerung. Man weiss, dass heute 1,1 Milliarden Leute in den 25 wichtigsten Hotspots der Artenvielfalt leben, dort, wo auch die Tierarten in ihrer grössten Vielfalt vorkommen. Die Bewohner von 16 dieser Hotspots hungern. Madagaskar ist einer dieser Hotspots.

Die Zerstörungsspirale kann nur unterbrochen werden, wenn der Bevölkerung neue Einkommensquellen durch den Ökotourismus erschlossen werden oder die Erträge ihrer Kulturen verbessert werden können. Das Masoala Projekt wurde deshalb als Integriertes Naturschutz- und Entwicklungshilfeprojekt konzipiert. Damit wird versucht, das geschützte Gebiet direkt mit der sozioökonomischen Entwicklung der peripheren Bevölkerung zu verbinden. Dazu wurden innerhalb des Nationalparks Pufferzonen geschaffen, die der Bevölkerung eine weitere – nachhaltige – Nutzung erlauben. Langfristig ist die ökonomische Entwicklung der Bevölkerung von den geschützten Zonen abhängig. Die Bevölkerung ist auf die hydrologischen, geologischen und genetischen Ressourcen des Regenwaldes angewiesen.

Das Interesse der Entwicklungshilfeorganisation CARE International an der Zusammenarbeit mit dem Zoo Zürich zeigt sich an den drei Elementen der Vereinbarung, die sie unter sich schlossen. Der Zoo bezahlt den Aufbau und den Betrieb von Pflanzschulen, die als eine der Entwicklungsaktivitäten in Masoala vorgesehen waren. Zusätzlich zur Produktion von Nutzpflanzen würde diese Pflanzschule Pflanzen für den Aufbau des Masoala Regenwaldes in Zürich liefern. Zusätzlich würde der Zoo jährlich $ 10 000 für Projekte in den Dörfern rund um den Nationalpark zur Verfügung stellen. Drittens bestand damals das Projekt, dass die dort aufgezogenen Pflanzen exportiert und verkauft werden können, um Geld für Entwicklungs-

und Naturschutzmassnahmen in Madagaskar zu generieren. Diese Idee musste fallen gelassen werden, weil die madagassische Regierung befürchtete, dass die exportierten Pflanzen später ausser Landes vermehrt würden und so die Erträge für Madagaskar ausblieben.

Die langfristige Finanzierung des Park-Managements
Eine der grössten Schwierigkeiten, um langfristigen Erfolg für den Naturschutz zu haben, sind die limitierten Mittel. Die meisten grossen Geldgeber schätzen Verträge nicht, die eine Laufzeit von über fünf Jahren haben. Sie unterstützen lieber Projekte, um kurzfristige Bedrohungen abzuwenden, als dass sie langfristiges Kapital zur Verfügung stellen, über das sie eine geringere Kontrolle haben. Es gibt weltweit viele Beispiele, dass Naturschutzprojekte in sich zusammenfielen und sich die betreibenden Organisationen zurückzogen, weil das Geld ausging. Die Sorge eines jeden verantwortungsbewussten Naturschutzmanagers in einem Land wie Madagaskar ist meistens, wie die Kosten über die nächsten kurzfristigen Perioden gedeckt werden können.

Dieses Potential einer langfristigen Finanzierung ist es denn auch, was die Zusammenarbeit zwischen dem Nationalpark und dem Zoo Zürich so attraktiv macht. Wie es die Wildlife Conservation Society mit seinem «Congo Forest» zeigt, der 1999 im Bronx Zoo eröffnet wurde, können solche Zooprojekte grössere Summen für den Naturschutz in Entwicklungsländern zusammenbringen. Das Konzept des Zoo Zürich sieht vor, dass der Masoala Regenwald in Zürich auf verschiedene Arten Geld sammelt, um zu helfen, die laufenden Kosten des Nationalparks zu decken. Der Zoo will jährlich $ 100 000 sammeln, was etwa einem Viertel der laufenden Kosten des Nationalparks entspricht.

Es ist bemerkenswert, dass es keine wesentlichen Meinungsdifferenzen zwischen dem Zoo Zürich und den Erwartungen der verschiedenen madagassischen und internationalen Partner in Madagaskar gab. Grund dafür ist sicher, dass die Zusammenarbeit von Beginn weg auf einem gemeinsamen Verständnis der Wichtigkeit der Artenvielfalt für die Menschen und der Notwendigkeit seiner Erhaltung beruht. Im Folgenden sollen diese Gedanken kurz erläutert werden.

Die Artenvielfalt ist wichtig
Die Menschen profitieren von der Wildnis auf viele verschiedene Arten: Ästhetisch und kulturell sorgt das ökologische Gleichgewicht für den Ausgleich des Klimas, für die Humusbildung und die Rückführung der Nährstoffe in den Boden. Die Natur erlaubt es, Arten zu

nutzen, sei es als Nahrung, als Treibstoff, als Rohfaser, als Erz oder als Arznei. Ehemals fruchtbares Land ist unfruchtbar geworden und viele Arten finden keine ausreichende Lebensgrundlage mehr. 20% der offenen Gebiete der Welt sind heute von der menschlich verursachten Erosion betroffen. Damit besteht für mehr als eine Milliarde Menschen ein Risiko, dass sie ihre Lebensgrundlage ganz verlieren. Wenn der menschliche Druck auf die Umwelt immer stärker wird, könnten die Vorteile einer grossen Artenvielfalt wesentlich sein und eingesetzt werden, um die Natur zu schützen. Doch bereits die Untersuchung dieser Vorteile hat sich als schwierig erwiesen, weil diese Faktoren in konventionellen, marktorientierten ökonomischen Aktivitäten und Analysen unberücksichtigt bleiben. Die Wälder der Welt sind Lebensraum für drei Viertel der Säugetiere sowie ein lebender Speicher von Frischwasser. Von den aktuell 2465 Arten auf den Roten Listen, die zurzeit direkt von der Ausrottung bedroht sind, sind es geschätzte 25% oder 600 Arten, die ausgerottet werden, weil die natürlichen Frischwassersysteme zerstört werden.

Weshalb müssen Regenwälder geschützt werden?

Es gibt verschiedene Gründe, weshalb die einzigartige Artenvielfalt und grosse Waldgebiete, wie sie beispielsweise auf der Masoala Halbinsel vorkommen, nicht zerstört werden sollten. Geht es dann aber um Strategien, wie der Schutz umgesetzt werden soll, machen es die unterschiedlichen Interessen der internationalen Organisationen, der nationalen Behörden und der lokalen Gemeinden schwierig, sich auf ein gemeinsames Vorgehen zu einigen.

Die Abholzung der Wälder wird nach den Schätzungen der Internationalen Naturschutzunion in den nächsten 50 Jahren die wichtigste Ursache für das Artensterben sein. Bis zu 100 Tierarten

Bei Zyklonen und tropischen Stürmen schützen bewaldete Täler die Dörfer vor Überschwemmungen. Hangrutsche und Erosionsstellen sind viel häufiger an gerodeten Hängen.

verschwinden bereits heute täglich, auch wenn es sich darum um viele kleinere handelt. Aus globaler Sicht stellen die Regenwälder und ihre Artenvielfalt ein Gemeingut dar, das geschützt werden muss: Sie erzeugen einen gegenwärtigen und zukünftigen Nutzen. Dies gilt bezüglich ihres Beitrags zur Kontrolle des Klimas (Absorption von Kohlendioxid und Produktion von Sauerstoff) oder als mögliche Quelle neuer Medikamente gegen Krebs oder Aids. Aktuell haben sie einen Wert als Hotspot der Biodiversität, der durch die weiter wachsende Bevölkerung unter massivem Druck steht. Milliarden von Menschen, die auf fernen Kontinenten leben, erkennen instinktiv die Ungerechtigkeit der Zerstörung von Millionen von Organismen, mit denen wir auf diesem Planeten leben. Man geht aber trotzdem davon aus, dass Flaggschiff-Arten wie Lemuren, Pandas, Wale, Gorillas und weitere Arten überleben werden, ohne dass wir dafür etwas tun und bezahlen. Für Ökonomen ist es schwierig, dieser existierenden Wildnis einen monetären Wert zuzuordnen. Vielleicht ganz einfach deshalb, weil sie unbezahlbar ist.

Die Menschen, die in oder bei den Regenwäldern wohnen, haben andere Probleme. Die meisten leben von der Hand in den Mund, ohne zu wissen, wie sie ihre Familie in den nächsten Tagen, Monaten oder Jahren ernähren sollen. Sie sind abhängig vom Wald in Bezug auf Nahrung, Brennholz, Baumaterial und Medikamente oder als Einkommensquelle durch den Verkauf von Tropenholz, anderen Produkten des Waldes wie Früchten, Gewürzen (z.B. Vanille), die im Schatten der Regenwaldbäume wachsen, wenn das Unterholz einmal gerodet ist. In Ländern wie Madagaskar können Menschen kaum unabhängig von Naturprodukten leben. Gleichzeitig ist für sie der Wald von unschätzbarem kulturellem Wert. Sogar in den am dichtesten bevölkerten Teilen Madagaskars gibt es unberührte, heilige Wälder, obwohl rundherum alles abgeholzt wurde. Genau gleich, wie sich der aktuelle Wert eines populären Flaggschiff-Tieres nicht einschätzen lässt, kann der Einheimische kaum den kulturellen Wert des Waldes ökonomisch festhalten und vernachlässigt ihn deshalb meist ganz.

Wie vorauszusehen war, nehmen nationale und lokale Behörden eine Stellung zwischen nationalen und lokalen Interessen ein. Auf der einen Seite verstehen sie die Gründe für den Schutz der Regenwälder und nehmen gerne die mehrere Millionen Dollar starken Hilfspakete entgegen, die bereitstehen, um ein nachhaltiges Management der Wälder zu garantieren. Andererseits haben sie Mühe «Lemuren den Menschen vorzuziehen», ein häufig gehörtes Argument, wenn ein Politiker (z.B. der Minister für Umwelt oder der Nationalparkdirektor) sich stark für den Naturschutz und weniger für den Lebensstandard der Bevölkerung einsetzt, besonders natürlich vor Wahlen. Auch der hohe Wert von Tropenholz – Ebenholz und Rosenholz im Fall Masoalas – bedeutet eine erhebliche Versuchung, über schnelles Geld die Entwicklung kurzfristig anzuheizen, ohne Rücksicht auf die nachhaltige Nutzung der Ressourcen. Im Umfeld dieser spannungsgeladenen Druckversuche, Erwartungen und Versuchungen agieren die Regierungen häufig gleich: denn sie werden nur wieder gewählt, wenn sie die Bevölkerung zufrieden stellen. Es ist deshalb politisch unausweichlich, dass die Bekämpfung der Armut und die wirtschaftliche Entwicklung auf die gleiche Stufe gestellt werden wie der Naturschutz. Auch wenn einzelne Politiker langfristige Naturschutzbemühungen unterstützen, werden die Regierungen die Entwicklung nie zugunsten des Naturschutzes bremsen. Es kann meist nur erwartet werden, dass sie sicherstellen, dass die Entwicklung in Bezug auf die Umwelt nachhaltig erfolgt, und dies auch nur, wenn der Naturschutz, beispielsweise über den Tourismus, einen direkten Ertrag bringt.

Die verschiedenen Interessen von Regierungen, der lokalen Bevölkerung und der internationalen Gemeinschaft lassen sich oft schwer vereinen. Es ist der alte Konflikt zwischen den kurzfristigen Bedürfnissen der lokalen Bevölkerung und langfristigen Vorteilen, die der Naturschutz erbringen kann. Es ist viel einfacher, über nachhaltige Entwicklung zu reden, als sie umzusetzen. Trotzdem gibt es, wenn der Wille da ist, genügend Gemeinsamkeiten, auf denen langfristiger Naturschutz und die Befriedigung kurzfristiger Entwicklungsbedürfnisse aufbauen können. Kompromisse sind dann möglich, wenn die verschiedenen Parteien die Argumente der anderen verstehen und respektieren. Weil sowohl Naturschutz- als auch Entwicklungsanliegen Teil des Umgangs mit den noch bestehenden natürlichen Ressourcen darstellen, gibt es mit Sicherheit gemeinsame Wege, wenn sich die Parteien nicht auf eine Haltung versteifen, die einen Kompromiss oder sogar den Dialog sehr schwierig macht.

In bergigen Regionen wie in Masoala erkennen die Dorfbewohner sehr wohl auch die Vorteile ihres Waldes, wenn es im Zusammenhang mit den Zyklonen zu Überschwemmungen und Erosionen kommt, die die Gegend regelmässig verwüsten. Der Masoala Nationalpark schliesst auch eine Pufferzone mit ein, in denen die Dorfbewohner fischen, Nahrungs- und

Zwergkönigsfischer *(Alcedo vintsioides)* können häufig beobachtet werden, wenn sie in den Teichen bei den Flussmündungen an der Westküste der Halbinsel fischen.

Medizinalpflanzen ernten dürfen und Bauholz beziehen, solange die Nutzung nachhaltig ist. Auch wenn man in Bezug auf das mögliche Entwicklungspotential realistisch bleiben muss, kann der Ökotourismus schnell zu einer wichtigen Einkommensquelle in den abgelegenen Dörfern rund um den Park und in den grösseren Zentren Maroantsetra und Antalaha werden. 50 Prozent der Park-Eintrittsgebühren werden in Form von Mikroprojekten den Gemeinden zurückgegeben, die den Nationalpark in ihrer Region unterstützt haben. Masoala ist zudem einer der wenigen Orte der Welt, wo nicht nur von potentiellen neuen biochemischen Entdeckungen gesprochen wird, die ökonomische Erträge für Naturschutz und Entwicklung bringen können: Forscher der Schweizer Firma Givaudan fanden im Jahre 2001 mehr als 80 Moleküle mit Potential als Düfte und Geschmacksstoffe, die in Nahrungsmitteln oder Kosmetika eingesetzt werden können. Eine Vereinbarung zwischen Givaudan und der madagassischen Regierung könnte beinhalten, dass ein Teil der kommerziellen Erträge der Produkte mit diesen Komponenten der Bevölkerung auf Masoala in Form von Unterstützungsbeiträgen an Naturschutz und Entwicklung zurückgegeben wird. Solche offensichtlichen, kurzfristig möglichen Fortschritte können sehr hilfreich sein, um das Vertrauen der Bevölkerung zu gewinnen. Aber wie sorgfältig die Parkverantwortlichen auch vorgehen, sie können unmöglich die Bedürfnisse der rund um den Park wohnenden 85 000 Menschen befriedigen. Deshalb sind sie immer auf der Suche nach einer Zusammenarbeit mit Entwicklungshilfeorganisationen, die sich, parallel zu ihrer Naturschutzarbeit, um die Bereiche Gesundheit, Familienplanung, Erziehung und Infrastruktur kümmern.

Trotz den Anstrengungen im Bereich der Entwicklungshilfe für die lokale Bevölkerung sind die kurzfristigen Vorteile bis heute zu gering, als dass jedermann motiviert wäre, die Parkgrenzen, die zuerst noch gut markiert werden müssen, zu respektieren. Die Gründung des Nationalparks 1997 hat die Kadenz der Abholzung auf der Masoala Halbinsel nicht reduziert. Der Druck auf den restlichen Wald bleibt bestehen. Jährlich verschwinden weiter etwa ein Prozent oder 36 km^2 Wald. Wenn die Schutzgesetze für den Wald nicht vollzogen werden, werden alte Gewohnheiten wie das Fällen von Eben- und Rosenholz oder das Erstellen von Siedlungen im Nationalpark weiter zunehmen und zu einer Abholzung und Zerstückelung des Waldes führen. Dies führt zu einem Verlust der langfristigen Vorteile und der *raison d'être* des Nationalparks. Die zunehmend nackten Abhänge ausserhalb des Nationalparks mit Erosionserscheinungen wegen der zerstörerischen Zyklone erinnern täglich an die Katastrophe, die zu erwarten gewesen wäre, hätte die madagassische Regierung Masoala 1997 nicht zum Nationalpark erklärt.

Kurzfristig aber bleibt Madagaskar ein bitterarmes Land mit Lebensbedingungen für die 15 Millionen Einwohner, die für die westliche Welt kaum vorstellbar sind. Unter diesen Umständen ist es in naher Zukunft kaum denkbar, dass dieses Land ein so grosses Schutzgebiet ohne substantielle internationale Hilfe finanzieren, betreiben und erhalten kann. Das langfristige Überleben Masoalas und der anderen Reservate ist deshalb auf eine unbefristete Unterstützung der internationalen Gemeinschaft im Allgemeinen und der Naturschutzinstitutionen im Besonderen angewiesen. Wir möchten ein unersetzliches Wunderwerk der Natur, das in einem Land liegt, dessen Bevölkerung gerne der Armut entfliehen möchte, erhalten. Daraus entstand die Verpflichtung des Zoo Zürich sowie der Wildlife Conservation Society und ihrer Partner, mit dem madagassischen Volk zusammen zu arbeiten, um den Nationalpark zu erhalten, zum Nutzen der jetzigen und zukünftigen Generationen. Und es gehört zu dieser Vision, dass wir hoffen, dass die Besucher des Zoo Zürich in den kommenden Jahren eingebunden werden in dieses Projekt, wenn sie den Masoala Regenwald oder *Masoala kely,* wie ihn die Madagassen nennen, durchwandern. (*Kely* heisst «klein» auf Madagassisch; der Masoala Nationalpark dagegen ist *Masoala be* – das grosse Masoala).

Vom Riff zum Regenwald – die Flora und Fauna Masoalas

James MacKinnon

Die Wälder rund um die Bucht von Antongil mit der Masoala Halbinsel im Osten beherbergen fünfzig oder mehr Prozent der terrestrischen biologischen Vielfalt Madagaskars. Madagaskar als Ganzes ist bekannt als einer der drei wichtigsten Hotspots der Artenvielfalt in der Welt. Etwa zwei Prozent aller lebenden Formen auf dem ganzen Planeten leben dort. Es ist deshalb keine Übertreibung zu behaupten, dass diese Tiere und Pflanzen in Bezug auf den Naturschutz weltweit höchste Priorität haben.

Ein Blick auf die Karte von Afrika und Madagaskar zeigt das erstaunliche Spiegelbild der Westküste der grossen roten Insel und der Ostküste von Mosambik. Forscher diskutieren immer noch die Entstehung der Insel, aber es besteht Einvernehmen, dass Madagaskar vor 140 bis 200 Millionen Jahren von der grossen Erdmasse namens Gondwanaland wegbrach und nach Osten driftete. Etwas später, etwa vor 88 Millionen Jahren, teilte sich Indien von Madagaskar und setzte seine schnelle Reise in die nördliche Hemisphäre fort.

Die vielen Formen von Tieren und Pflanzen im heutigen Madagaskar lassen den Ursprung in Gondwanaland nachvollziehen. Die Isolation der Insel hat dazu geführt, dass sich die Arten unabhängig von denen auf dem afrikanischen Festland zu einzigartigen Lebewesen entwickelten. Einige sehr alte Tiergruppen, wie die Boas, Schlangen, die sonst nur in Südamerika und Melanesien gefunden werden, haben seit der Zeit von Gondwanaland überlebt, während die Pythons sie in Afrika und Asien später verdrängten. Die Präsenz anderer Tiergruppen ist schwieriger zu erklären. Die Lemuren, die frühen Primaten, für die Madagaskar so bekannt ist, entstanden vor etwa 62 Millionen Jahren, lange nachdem sich die Insel von Afrika und Indien gelöst hatte. Man hat aber fossile Lemuren auch in Afrika und Pakistan gefunden und nimmt deshalb an, dass sie erst nach der Inselbildung Madagaskar erreichten. Wie, das bleibt ein Geheimnis. Möglicherweise auf einer grossen schwimmenden Vegetationsinsel vom afrikanischen Festland her. Aus unbekannten Gründen fanden keine grossen Karnivoren den Weg auf die Insel. Obwohl es viele solcher Geheimnisse gibt, hat diese Isolation in Madagaskar zu einer ausserordentlichen Vielfalt von Arten und Familien geführt, die einzigartig ist. Es ist nicht überraschend, dass diese Einzigartigkeit, dieser Endemismus, am häufigsten bei Arten

Bild Seite 26:
Diese schillernde «Nördliche» Madagaskarboa *(Acrantophis madagascariensis)* ist typisch für Masoala und das Spezialreservat Nosy Mangabe. Die Boas sind eine Überlieferung der madagassischen geologischen Vergangenheit, ihre nächsten Verwandten kommen heute noch in Lateinamerika, aber nicht mehr in Afrika vor.

vorkommt, die nicht fliegen können. Während fast alle einheimischen Reptilien, Süsswasserfische, Insekten und Bäume endemisch sind, kommen viele Fledertiere und Vögel auch auf den umliegenden Inseln und dem afrikanischen Festland vor.

Genau gleich wie die natürliche Barriere des Meeres grossen Einfluss auf die Formen der Tiere in Madagaskar nahm, gibt es natürliche Grenzen innerhalb des Landes, die sich stark auf das Vorkommen der Tiere und deren Verbreitung auswirkten. Die Lemuren sind die bestuntersuchte Tiergruppe und zeigen den Effekt dieser Barrieren deutlich. Viele Lemurenarten und -unterarten sind durch Flüsse getrennt. In der Masoala Region wird der Rote Vari beispielsweise von seinem schwarz-weissen Cousin durch den Fluss Antainambalana getrennt. Es sind gerade auch diese natürlichen Barrieren von Flüssen und Bergen, welche die Masoala Halbinsel zum Lebensraum einer so grossen Zahl einzigartiger Arten machen.

Das Klima Madagaskars wird durch die Ostwinde bestimmt, die vom Indischen Ozean her wehen. Die feuchte Luft, die auf die Ostküste Madagaskars trifft, bringt das ganze Jahr hindurch sehr viel Regen. Eine Karte von Madagaskars übrig gebliebenem Wald zeigt einen dünnen Streifen Regenwald auf der ganzen Länge der Ostküste, dort, wo am meisten Regen fällt. Die anderen Wälder sind die Trockenlaubwälder im Westen und der ausserordentlich trockene Dornbusch-Wald im Süden des Landes.

Die Wälder im Nordosten Madagaskars gehören zu den artenreichsten des Landes. Masoala ist auch der einzige Ort im Land, wo tropischer Regenwald noch bis ans Meer reicht. Der Nationalpark schützt so den Tiefland- und den Küstenwald ebenso wie die Mangroven und die Korallenriffe im angrenzenden Ozean.

Zusätzlich zum Regen bringen die Winde aus dem Indischen Ozean auch die Zyklone, die Madagaskar heimsuchen. Die Wälder des Ostens sind wahrscheinlich gut an die natürlichen Folgen der Zyklone angepasst und können sich nach ein paar Jahren erholen. Wir finden Wälder niedrigerer Wuchshöhe als beispielsweise im südostasiatischen Regenwald. In der gegenwärtigen Situation mit dem zusätzlichen menschlichen Einfluss können die Zyklone aber grossen Schaden anrichten. Grosse Mengen Totholz erhöhen das Waldbrandrisiko in der kurzen Trockenzeit zwischen Oktober und Januar, und im Nachgang zu Zyklonen gehen die Leute in den Wald, um zu jagen oder neues Land zu finden als Kompensation für ihre ertragslosen, überschwemmten Felder.

Hybridisierung der Varecia-Arten
Einige Formen des Varis, *Varecia variegata,* haben sich, geographisch getrennt durch Flüsse, weiterentwickelt. Neuere Studien gehen davon aus, dass die Unterschiede zwischen der schwarz-weissen und der roten Form ausreichen, um die beiden als eigene Arten anzusehen.

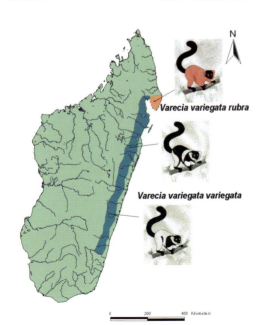

Ein wichtiger Faktor, weshalb die Artenvielfalt in Masoala so hoch ist, sind die verschiedenen Höhenzonen, die sich aus dem gebirgigen Gelände ergeben. Die Ostküste der Halbinsel hat weite Ebenen, auf denen noch grosse Stücke Tieflandregenwald wachsen. Von dieser Ebene steigen die Berge hoch bis auf 1300 Meter, bevor sie dann steil in die Bucht von Antongil abfallen. Die Pflanzenarten variieren mit diesen Höhenunterschieden, und weil viele Pflanzenfresser auf gewisse Pflanzen spezialisiert sind, finden wir die bei den Pflanzen gefundene Artenvielfalt auch bei den Tieren, die in der Nahrungskette weiter oben stehen. Zuoberst auf den Bergen beschränken die starken Winde das Pflanzenwachstum und lassen nur einen Zwergwuchs des Waldes zu. An mehreren Orten an der Ostküste finden wir noch den Küstenwald, der bis auf einige andere kleine Vorkommen in Naturschutzreservaten an den meisten Orten verschwunden ist. Küstenwälder haben einen sehr hohen Endemismus, und das Vorkommen vieler Pflanzen ist beschränkt auf einzelne kleine Waldpartien.

Urtümliche Pflanzen und Tiere

Bäume dominieren die Flora Madagaskars und ausserordentlich hohe 96% der Baumarten sind einzigartig auf der Insel. Das Land ist besonders bekannt bei Pflanzenliebhabern wegen seiner 112 Palmenarten, die einen Viertel des Weltbestandes repräsentieren. Über 50 davon leben auf der Masoala Halbinsel, das heisst ein Achtel der Palmenarten der Welt. Eine der eindrucksvollsten ist die Waldkokosnuss, *Voanianala gerardii*. Diese Art kennt man nur noch in wenigen Exemplaren in der Wildnis. Sie ist höchst bedroht, weil das Palmenherz als lokale Delikatesse gilt. Die riesige Frucht und einige andere Eigenschaften der Samen lassen vermuten, dass die Waldkokosnuss ursprünglich durch einen heute ausgestorbenen Fruchtfresser verbreitet wurde. Der riesige Elefantenvogel, *Aepyornis maximus*, käme als Kandidat für diese Rolle in Frage. Der Elefantenvogel war zweimal so gross wie ein Strauss und könnte der Ursprung der Geschichten um den Roch sein, der in der antiken Mythologie auftaucht und Elefanten weggetragen haben soll.

Eine der aufregendsten botanischen Geschichten der letzten Jahre war die Wiederentdeckung der *Takhtajania*, eine der ältesten bekannten Pflanzengenera, die man sonst nur aus Australien und Neuguinea kennt. Ursprünglich war sie nur bekannt durch ein einziges Exemplar,

Schwarz-weisse Varis *(Varecia variegata variegata)* sollen in den 20er Jahren auf Nosy Mangabe ausgesetzt worden sein.

Die Hauptwaldformen in Masoala sind der Tiefland- (<400 m), der Hügel- (400–700 m) und der Bergregenwald (>700 m), der Küstenwald und die Mangroven. Achtzig Prozent des geschützten Tieflandregenwaldes in Madagaskar befinden sich in Masoala.

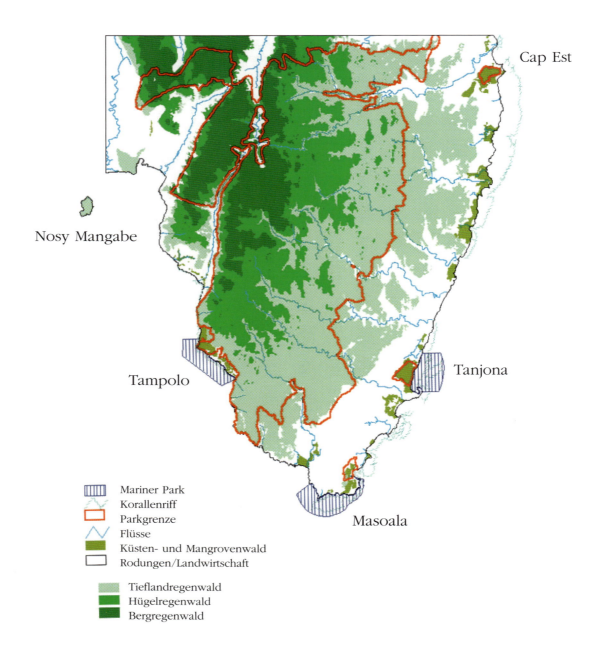

Cap Est
Nosy Mangabe
Tampolo
Tanjona
Masoala

- Mariner Park
- Korallenriff
- Parkgrenze
- Flüsse
- Küsten- und Mangrovenwald
- Rodungen/Landwirtschaft
- Tieflandregenwald
- Hügelregenwald
- Bergregenwald

Die Direktion Wald und Wasser arbeitet mit dem Zoo Zürich zusammen seit der Regenwald Masoalas dort als Anlage dargestellt werden sollte. Der Masoala Regenwald ist eine ausgezeichnete Gelegenheit für die Madagassen, ihre kulturellen und natürlichen Schätze den Leuten in Europa zu zeigen. Es passt, dass die riesige Halle in Zürich den Wald, das Volk und die Naturschutzprobleme unseres grössten Nationalparks aufzeigt, der in der Gegend mit den grössten noch verbliebenen Wäldern des Landes liegt. Madagaskar nimmt jetzt die dritte Etappe des nationalen Umweltprogramms in Angriff. Es ist aber immer noch eine grosse Herausforderung, einerseits unsere Umwelt zu schützen, anderseits unserem Land eine schnelle Entwicklung zu ermöglichen. Eine gesunde Umwelt ist für unsere Wirtschaft unerlässlich, besonders für unsere wichtigsten Erwerbszweige, die Fischerei, die Landwirtschaft und den Tourismus.
Die Erschaffer des Masoala Regenwaldes leisteten viel, um zu zeigen, wie die Leute in Madagaskar mit dem Wald leben, wie eine Balance zwischen den Bedürfnissen der Menschen und dem langfristigen Überleben des Waldes gefunden werden kann und was sie für uns Menschen bedeuten. Dies ist auch eine unserer grössten Herausforderungen als Forstverantwortliche in Madagaskar.

Paul Raonintsoa, Directeur Général des Eaux et Forêts

das 1909 in Manongarivo, im Nordwesten Madagaskars, gesammelt wurde. Die Pflanze wurde 1997 in Anjanaharibe-Süd, einem Reservat nordwestlich von Masoala, wieder entdeckt. Dies zur Freude der Botaniker, die sie seit langem am ursprünglichen Sammelort gesucht hatten. In der Neujahrsansprache des Präsidenten Didier Ratsiraka 1998 würdigte er die *Takhtajania* als einen nationalen Schatz aus der Zeit der Dinosaurier. Diese Bemerkungen machten die Pflanze unsterblich in den politischen Kartoons der Zeitungen von Antananarivo und führten dazu, dass sich die Minister und die wichtigsten Repräsentanten der ANGAP auf den langen Weg in die Berge von Anjanaharibe-Süd aufmachten, um dieses lebende Fossil zu bewundern. Kürzlich durchsuchten Mitarbeiter des Missouri Botanical Garden die Herbarbelege aus Masoala, die 1996 gesammelt worden waren, und fanden dort eine *Takhtajania* mit einer Frucht. So wie mit vielen anderen Pflanzen geht es jetzt darum, die Verbreitung dieser Art zu untersuchen und festzustellen, ob es nicht sogar verschiedene *Takhtajania*-Arten gibt, denn das Exemplar aus Masoala sieht für die Forscher verlockend anders aus, als das aus der Sammlung von Anjanaharibe-Süd.

Kürzlich wurde man auf die wertvollen Harthölzer Masoalas aufmerksam. Über 25 Arten Ebenholz (*Diospyros*) kommen auf der Halbinsel vor, davon einige mit kommerziellem Wert. Überhaupt scheint der Nordosten Madagaskars ein Zentrum dieser Baumfamilie zu sein. In Masoala gibt es auch eine hohe Dichte des Genus *Dalbergia*, darunter einige Palisander-Arten und den bekannten madagassischen Rosenholzbaum. Das genetische Reservoir dieser kommerziell nutzbaren Arten zu schützen, ist eine wichtige Aufgabe des Nationalparks. Auch wenn die Parkgrenzen sorgfältig gesetzt wurden, um genügend Wald ausserhalb für die

Masoala ist eine Schatztruhe für Botaniker. Jao Aridy, ein vom Missouri Botanical Garden ausgebildeter Pflanzenwissenschaftler, entdeckte die seltene *Takhtajania* 1996 an den Osthängen der Bucht von Antongil.

Nutzung zu belassen, hat die unkontrollierte Ausbeutung der wertvollen Arten nur wenige grosse Bäume ausserhalb der Parkgrenzen übriggelassen. Es ist ein dauernder Kampf der Parkaufseher, das illegale Holzfällen im Park zu verhindern.

Lemuren sind die bestbekannten Tiere Madagaskars. Eine Art, der Rote Vari, ist auf die Masoala Halbinsel begrenzt. Er ist einer der schönsten Lemuren, und die betörenden Rufe der konkurrenzierenden Familiengruppen kann man jeden Morgen im Regenwald hören. Während des Tages kann man einer anderen Art, den Weisskopfmakis, in grossen Gruppen begegnen, die in ihrem Territorium patrouillieren, um Eindringlinge fernzuhalten und Blätter und Früchte zu suchen, die ihre Nahrung darstellen. Die meisten Säugetiere sind aber während der Nacht aktiv. In Masoala gibt es sieben nachtaktive Lemuren, darunter das ungewöhnliche Aye-aye oder Fingertier. Als diese Art das erste Mal beschrieben wurde, glaubte man, wegen der grossen Schneidezähne sei sie ein Nagetier. Relativ leicht findet man nachts die Mausmakis, weil ihre Augen im Taschenlampenlicht hell aufleuchten, wenn sie auf ihren Rundgängen sind. Die Mausmakis gehören zu den kleinsten Primaten der Welt. Sie können ihre Herzschlagfrequenz und Körpertemperatur reduzieren und fallen, um Energie zu sparen, während des kühlsten Teils der Nacht in einen erstarrenden Schlaf, der als Torpor bekannt ist.

Masoala hat mit neun Arten auch eine grosse Karnivoren-Fauna, darunter die pumaähnliche Fossa und einen der am wenigsten bekannten Karnivoren, den Schlichtmungo. Die Fossa ist ein Meisterkletterer, fähig, einen ausgewachsenen Lemuren auf den Bäumen zu erbeuten. Die Taxonomie dieser Art ist umstritten, sie scheint aber von einer ursprünglichen Zibetkatze abzustammen, einer Familie, die man in ganz Asien und Afrika findet. Die Fossa hat ein ungewöhnliches Fortpflanzungssystem. Das Weibchen besetzt einen bestimmten Baum, den es alle Jahre wieder braucht, und paart sich dort mit vielen Männchen, die dort in der Woche vorbeikommen, in der sie hitzig ist.

Der Rote Vari *(Varecia variegata rubra)* kommt nur auf der Masoala Halbinsel vor. Er ist das Flaggschifftier des Nationalparks. Er und andere Fruchtfresser wie die Flughunde spielen eine wichtige ökologische Rolle als Verbreiter von Samen.

Masoalas fleischfressende Pflanze:
Nepenthes masoalensis

Eine von Masoalas bestbekannten Pflanzen ist die endemische Kannenpflanze, die noch an einigen wenigen Orten an der Ostküste der Halbinsel vorkommt. Die *Nepenthes*-Kannenpflanzen sind aus Südostasien und Borneo bekannt. Madagaskar hat zwei Arten dieser faszinierenden fleischfressenden Pflanzen. Sie wachsen auf nitratarmen Böden, besonders in Gebieten, die wassergetränkt sind. Um den Nitratmangel in der Umwelt wettzumachen, hat die Pflanze ein System entwickelt, Insekten zu fangen und zu verdauen, um zu den notwendigen essentiellen Nährstoffen zu kommen, die sie nicht aus der Erde absorbieren kann. Insekten, die in die Kanne gelockt wurden, die aus einem spezialisierten Blatt besteht, ertrinken in einer mit Enzymen angereicherten Flüssigkeit, die in der Lage ist, den Körper der Insekten aufzuschliessen.

Die Ursache der Vielfalt:

Das Konzept der Nischen

Eines der grundlegenden Prinzipien der Ökologie ist es, dass niemals zwei Arten mit dem gleichen Lebensstil oder in der gleichen Nische nebeneinander existieren können. Zwei Arten, die auf die genau gleichen Ressourcen angewiesen sind und den gleichen Lebensraum haben, konkurrenzieren einander. Mit der Zeit wird die eine oder andere verdrängt und aussterben. Dieses Prinzip ist einer der Gründe, weshalb es eine so grosse Vielfalt in der Tierwelt gibt. In Madagaskar, wo es viele Tiergruppen nicht gibt, die wir in anderen Weltgegenden finden, sind einzelne Nischen mit ganz ungewöhnlichen Inselbewohnern besetzt. Ein Lemur, das Aye-aye oder Fingertier, jagt Insekten und Larven in der Rinde und im Totholz von Bäumen, wie Spechte in anderen Gegenden der Welt. Der Reistanrek gräbt sich durch die Erde auf der Suche nach Insekten und Würmern wie ein Maulwurf, und es gibt Lemuren, die sich auf Bambus spezialisiert haben, wie die Pandas in Asien.

Auch Fledertiere sind in Madagaskar gut repräsentiert, sowohl insekten- als auch fruchtfressende Arten. Eine Art, die Madagassische Haftscheiben-Fledermaus, gehört zu einer Familie, die in Madagaskar endemisch ist. Die kleinen Haftscheiben-Füsse, nach denen sie benannt ist, erlaubt ihr, sich an die glatte Oberfläche eines aufgerollten Blattes, beispielsweise einer *ravenala* zu heften, wo man glaubt, dass sie schlafe. Grosse Flughunde mit einer Flügelspanne von über einem Meter kann man in Kolonien von Hunderten von Tieren auf den kleinen Inseln und in den Mangroven rund um die Halbinsel entdecken. Die aus Früchten und Nektar bestehende Nahrung dieser Flughunde machen sie zu unabsichtlichen Samenverbreitern und Bestäubern von Blüten. Einige Blüten, wie die der wilden Banane, öffnen sich nur nachts und haben sich so entwickelt, dass sie speziell Flughunde anziehen, mit entsprechenden Düften und Farben. Die Tanreks sind wahrscheinlich die ältesten Säugetiere Madagaskars. Diese Insektenfresser haben noch gewisse ursprüngliche Merkmale, die moderne Säuger verloren haben. Einer der hübschesten Säuger ist der Tiefland-Streifentanrek, der aussieht wie ein kleiner, schwarz-weiss gestreifter Miniaturigel, wenn er in den verfaulenden Blättern nach Wirbellosen sucht. Wie viele Tanreks haben sie grosse Würfe. Während der Regenzeit können Gruppen mit einer Mutter und bis zu acht Jungtieren beobachtet werden.

Die Ausdehnung des auf der Halbinsel verbliebenen Waldes ist noch so gross, dass gesunde Bestände grosser Greifvögel vorkommen. Von den 22 Greifen, die man in Madagaskar kennt, hat man 19 Arten auch in Masoala gefunden. Forscher des Peregrine Fund haben beobachtet, dass die meisten von ihnen auch Nester bauen. Man nimmt an, dass Masoala die Hochburg des madagassischen Schlangenadlers ist, der erst in den 1980er Jahren wieder entdeckt worden war, nachdem man ihn während Jahrzehnten ausgestorben geglaubt hatte. Mit 65 cm Kopf-Rumpf-Länge ist der Schlangenadler ein grosser Vogel für den Regenwald. Wie es sein Name sagt, frisst dieser Greifvogel vor allem Schlangen und Eidechsen, gelegentlich auch einen kleinen Lemur. Ein anderer kräftig gebauter und seltener Greifvogel, der Madagaskarhabicht, jagt meistens Lemuren. Viele Vangas und Schwärme von Vasapapageien finden wir im Wald. Die Rote Eule, ein naher Verwandter der europäischen Schleiereule, ist ein anderes biologisches Juwel von Masoala. Erst 1993 entdeckt, kennt man sie noch kaum, und sie scheint nur im Osten und Nordosten Madagaskars verbreitet.

Bild oben: Den schönen Streifentanrek *(Hemicentetes semispinosus)* sieht man auch in Maroantsetra. Es gibt relativ wenige kleine Säugetiere auf Nosy Mangabe, vielleicht wegen der Ratten, die mit den europäischen Segelschiffen im 16. Jahrhundert eingeschleppt wurden.

Bild links: Das Spezialreservat Nosy Mangabe ist ein ausgezeichneter Ort, um das nachtaktive Fingertier *(Daubentonia madagascariensis)* beim Fressen am *Hintsia*-Baum zu beobachten. Für Fingertiere gibt es in den Zoos ein Erhaltungszuchtprogramm.

Das Wechseln der Hautfarbe

Die Fähigkeit, die Farbe der Haut zu wechseln, ist bei den Tintenfischen, einigen Krabben und den Chamäleons am besten entwickelt. Der Farbwechsel bei den Chamäleons gehört zu den kompliziertesten und eindrücklichsten in der Tierwelt. Sie besitzen spezielle Zellen nahe der Hautoberfläche, die Pigment-Granula enthalten. Der Wechsel der Hautfarbe wird über das Nervensystem kontrolliert und beinhaltet die Verteilung oder die Zusammenfassung der Pigmente in der Zelle, je nach Umgebungsfarbe und -schatten. Auch wenn man glaubt, dass sich die Chamäleons damit dem Hintergrund anpassen, sind es andere Faktoren, wie das Licht und die Temperatur, oder die Notwendigkeit, dem Feind Gefahr zu signalisieren oder mögliche Partner oder Rivalen auf sich aufmerksam zu machen, die den Farbwechsel auslösen.

Gesamthaft konnte man 94 von den 203 in Madagaskar heimischen Arten in Masoala nachweisen. Neben den Greifvögeln gibt es andere ornithologische Seltenheiten, den bodenlebenden, scheuen Fruchtseidenkuckuck und die Rackenvögel, den Zwergkönigsfischer, der mehr Insekten als Fische fängt, und den Helmvanga, dessen riesiger Schnabel an südamerikanische Tukane oder asiatische Hornvögel erinnert.

Die Reptilien und Amphibien Madagaskars gehören zu den schönsten biologischen Schätzen der Insel. Mit Ausnahme einiger weniger Arten, die wahrscheinlich der Mensch in der neueren Geschichte des Landes eingeführt hat, sind alle Reptilien und Amphibien endemisch. In Masoala leben das grösste Chamäleon und eine Reihe der allerkleinsten. Diese aussergewöhnlichen Kreaturen sind bekannt für ihre Fähigkeit, sehr schnell ihre Farbe zu wechseln. Sie sind in die madagassischen Mythen eingeschlossen als Tiere, die gleichzeitig in die Vergangenheit und in die Zukunft sehen können. Das grösste Chamäleon, *Calumma parsonii,* sieht man oft in Masoala. Man sagt ihm nach, es erbeute nicht nur Insekten, sondern sogar gelegentlich Vögel mit seiner klebrigen, schnell zuschlagenden Zunge. Im Gegensatz dazu ist das kleine *Brookesia peyrerii* nur etwas länger als ein Fingernagel und für das ungeübte Auge auf dem Blätterboden, wo es lebt, fast unsichtbar. Reptilien sind eine noch weitgehend unbekannte Tiergruppe der madagassischen Artenvielfalt. Es gibt hier sicher noch einige Entdeckungen zu machen.

Obwohl einige madagassische Schlangen Giftdrüsen haben, befinden sich diese doch immer im hinteren Kieferbereich und stellen deshalb kaum eine Gefahr für die Menschen dar. Die spektakulärsten sind die grossen Boas und die dünne *Langaha* mit dem wie eine Speerspitze aussehenden Kopf. Sie ist der Ausgangspunkt der madagassischen Legende, dass sie ihre Beute aufspiesse, indem sie sich von den Bäumen fallen lasse. Masoala ist auch einer der besten Orte, den aussergewöhnlichen *Uroplatus* Plattschwanzgecko zu beobachten, dessen hervorragende Tarnung es für seine Feinde fast unmöglich macht, ihn zu finden, wenn er tagsüber mit dem Kopf nach unten an den Baumstämmen schläft. Im Gegensatz zum dunkel getarnten *Uroplatus* sind die *Phelsuma*-Geckos leuchtend grün, rot und blau gefärbt. Diese Farbenkombination bricht aber in der Tiefe des Waldes die Form des Tieres auf und verwirrt das Auge.

Was wäre eine Wanderung durch die Wälder Masoalas ohne die begleitende Kakophonie der Froschrufe? Einige Frösche sind darauf spezialisiert, in den Baumwipfeln zu leben, andere in den kleinen Wasserpfützen in Baumhöhlen, während wieder andere dunkel gefärbt sind und sich kaum von den Blättern am Boden unterscheiden. Eine der bestbekannten Arten der

Region ist der Tomatenfrosch, der so heisst wegen seiner leuchtend roten Farbe. Die Schönheit dieses Tieres ist auch sein Verhängnis, weil es bei Tiersammlern der ganzen Welt sehr begehrt ist. Die Nachfrage nach diesen Fröschen unterstützt einen Schwarzmarkt rund um Maroantsetra im Westen Masoalas. Die auffälligsten Frösche Madagaskars gehören zum Geschlecht der *Mantella*. Wie die verwandten Pfeilgiftfrösche in Südamerika warnt ihre leuchtende Farbe mögliche Feinde vor den Giftdrüsen in ihrer Haut.

Einige Insektenfamilien sind in Masoala bereits gut erforscht, so die Schmetterlinge, die Ameisen und die Zikaden. Die Insektenfauna Masoalas wechselt mit der Geländehöhe, und es gibt grosse Unterschiede zwischen der Ost- und der Westküste, wahrscheinlich wegen der feinen Unterschiede in der Menge des Regens. Die bestuntersuchten Insekten sind die Schmetterlinge, von denen es in Masoala mehr gibt, als an anderen gut untersuchten Orten wie in Ranomafana, auch wenn beide Parks im Osten Madagaskars liegen. Zwei Arten sind besonders attraktiv für Insektenfreunde: *Chrysiridia ripheus* ist eine tagaktive Motte, deren glitzerndes Grün, Schwarz, Weiss und Rot in den Sonnenstrahlen schimmern, die bis auf den Boden des Waldes durchdringen. Eine andere Art, die Kometenmotte, *Argema mittrei,* ist eine wunderschöne, gelb leuchtende Motte, die nach ihren zwei langen, auslaufenden Schwänzen benannt ist. Neben diesen bekannten Arten der Wirbellosen warten viele andere auf Besucher in Masoala. Da sind grüne Waldläuse, die sich bis zur Grösse einer Faust aufrollen, wenn sich Fusstritte nähern. Bei sorgfältiger Beobachtung kann man lange Stabheuschrecken finden mit einer ausgeklügelten Tarnung: Sie sehen aus wie Ästchen oder Blätter. Rüsselkäfer haben Hälse so unbeschreiblich lang, dass sie Giraffenrüsselkäfer genannt werden.

Krabben sind häufig in den Wäldern Masoalas, besonders in den ersten 50 bis 100 m vom Strand weg. Sie begeben sich oft hoch hinauf auf die Baumstämme. Es ist schwierig, kleinere Reptilien und Amphibien in Küstennähe zu finden. Eine Hypothese macht dafür die grosse Zahl von Krabben verantwortlich, die dort auf Beutezüge geht.

Mantella-Frösche (hier *Mantella laevigata*) sind mit den Pfeilgiftfröschen Südamerikas verwandt. Sie legen ihre Eier in die kleinen Wassertümpel der umgefallenen Bambusstämme.

Oben rechts: Landkrabben *(Sesarma gracilipes)* können Hunderte von Metern weg vom Meer gefunden werden.

Unten rechts: Plattschwanzgeckos *(Uroplatus fimbriatus)* findet man normalerweise tagsüber unbeweglich, mit dem Kopf nach unten, perfekt getarnt an Stämmen auf ein bis zwei Metern Höhe.

Bild Seite 37: Masoala ist einer der wenigen Orte in der Welt, wo tropischer Regenwald noch bis zum Meer hinunter reicht.

Oben links: Chamäleons sind faszinierende Geschöpfe. Sie sorgen aber überall bei den Madagassen für Misstrauen, weil sie die Fähigkeit haben, gleichzeitig in die Vergangenheit und in die Zukunft zu schauen. Dieses Pantherchamäleon *(Furcifer pardalis)* häutet sich gerade.

Unten links: Die Netze der Drachenspinnen *(Gasteracantha versicolor)* zieren die Bäume überall in Masoala und sogar die Telefonmasten von Antalaha und Maroantsetra.

Oben rechts: Auf Nosy Mangabe können die tagaktiven Weisskopfmakis *(Eulemur fulvus albifrons)*, wie hier dieses Männchen, sehr gut beobachtet werden.

Unten rechts: Den Madagaskar Taggecko *(Phelsuma laticauda)* findet man häufig in den Dörfern rund um Masoala.

Oben links: Brookesia Chamäleons sind die kleinsten der Welt. Diese *Brookesia ramanantsoai* verstecken sich in den heruntergefallenen Blättern so gut, dass niemand ausser den Masoala Parkführern sie entdecken kann.

Unten links: Den Madagaskarfalken *(Falco newtoni)* findet man im ganzen Land, in Masoala an den Waldrändern.

Der Lebensraum Meer

Die marinen Parks in Masoala gehören zu den ersten, die in Madagaskar geschaffen wurden. Sie schützen verschiedene Lebensräume, Korallenriffe, Seegrasgebiete und Mangroven. Auch wenn die Artenvielfalt in diesen Lebensräumen extrem hoch ist, ist doch der Endemismus verglichen mit dem terrestrischen Ökosystem klein, weil die Meeresströme die Eier und die Jungtiere über grosse Distanzen tragen. Trotzdem ist der Schutz dieser Lebensräume nicht nur wegen ihrer Biodiversität, sondern auch wegen ihres Beitrags zur Erhaltung des ökologischen Gleichgewichts wichtig. Alle diese Ökosysteme sind wichtige Orte für die Vermehrung von Fischen und Wirbellosen sowie für den Dienst, den sie für die Umwelt in Bezug auf die Rückführung von Nährstoffen in den ökologischen Kreislauf leisten, aber auch für den Schutz der Küste vor Erosion.

Korallenriffe sind riesige Kalksteinstrukturen, entstanden über Jahrtausende, in denen Korallen gestorben sind und sich immer wieder neue darauf aufgebaut haben. Korallen können sich am besten entwickeln, wenn die Wassertemperatur zwischen 25 °C und 30 °C liegt. Sie brauchen viel Licht und sind auf subtropische und tropische, untiefe, salzhaltige, klare Wasser beschränkt. Je nach der Kraft der Meeresströme, die auf das Riff treffen, kann dieses verschiedene Formen annehmen. An der Ostküste Masoalas gibt ein äusseres Saumriff der inneren, seichten Lagune Schutz, in der man kleinere Blöcke mit Korallen findet und sich Seegrasbetten und Mangroven entwickeln können.

Fische der Korallenriffe gibt es in unzähligen Farben, Formen und Lebensstilen. Unter den grössten Riffbewohnern ist der Papageienfisch, der davon lebt, dass er dauernd an den Oberflächen der Korallen und Steine mit seinem schnabelartigen Mund die Algen abknabbert. In diesem Prozess mahlt er die Korallen und die Steine zu feinem Sand. Beutesuchende Barsche und Muränen liegen versteckt in den Spalten der Felsen auf der Lauer, während andere Karnivoren wie die Schnapper durch das Riff ziehen und auf eine Gelegenheit warten, sich auf einen unvor-

Spinnerdelphine (hier *Stenella longirostris*, in der Bucht von Antongil aufgenommen) haben ihren Namen vom amerikanischen spinning, weil sie sich beim Aus-dem-Wasser-Schnellen bis zu siebenmal um die eigene Achse drehen können.

Überwachung des Zustandes der Umwelt: Indikator-Arten

Viele Arten können nur unter ganz bestimmten Bedingungen leben, und so ist die Anwesenheit oder die Abwesenheit eines «Indikators» wichtig, um den Naturschützern Informationen über den Zustand des Ökosystems zu vermitteln. In Masoala werden Überwachungsprogramme im Park eingesetzt, um die ökologische Entwicklung an Land und im Wasser kontinuierlich zu verfolgen. Nehmen die kleinen, korallenfressenden Fische zu, ist dies in den Riffen ein Warnsignal, dass die Überfischung die beutegreifenden Fische stark reduziert hat und zu einer langsamen Zerstörung des Riffs führen kann. Riffe in einem sehr schlechten Zustand können an einer grossen Zahl von Seesternen und Seeigeln erkannt werden, die lebende Korallen fressen.

Eine Indikator-Art, die etwas über die Gesundheit des Waldes aussagen kann, ist schwieriger zu finden, man braucht dafür Arten, die der Mensch nutzt. Lemuren, die gejagt werden, und Pflanzen, die für bestimmte Anwendungen gebraucht werden, wie Palmen für den Hausbau oder als Medizinalpflanzen, können als Warnsignal dienen, dass eine Übernutzung der Waldressourcen durch die lokale Bevölkerung stattfindet. In beiden Lebensräumen, dem Meer und dem Wald, dürfen die Leute, die in der Nähe des Parks leben, die Ressourcen für ihren Eigenbedarf nutzen. Die Überwachung dieser Nutzung ist aber entscheidend, um sicherzustellen, dass diese nachhaltig ist.

sichtigen Fisch zu stürzen. Drückerfische haben ein uns fremdes, kistenförmiges Aussehen. Sie sind aber ein wichtiger Verbündeter des Riffs, weil sie Wirbellose wie Seeigel und Seesterne fressen, die wiederum von den Korallen leben und das Riff kaputtmachen, wenn sie nicht unter Kontrolle gehalten werden. Viele Lebewesen im Riff sind hochspezialisiert, wie der Putzerfisch, ein kleiner, blau, schwarz und gelber Fisch, der Parasiten und verletztes Gewebe von grösseren Fischen frisst. Andere Arten erlauben dem Putzerfisch, heranzukommen und sie gratis zu putzen. Das hat sich ein anderer Fisch zu Nutze gemacht, der ein ähnliches Aussehen angenommen hat. Er mimt, ein Putzer zu sein, schlägt im letzten Moment zu und holt sich einen Biss Fleisch aus dem unvorbereiteten Opfer.

Die Riffe sind auch Lebensraum für viele andere Lebensformen neben den Fischen. Korallen gibt es in allen Formen und Grössen: Steinkorallen und Weichkorallen, die ein fächerartiges Aussehen haben mit ihren federartigen Tentakeln. Korallen bestehen aus Kolonien von Polypen, kleinen Tieren, die gemeinsam Kalziumkarbonat ausscheiden, das das erkennbare, reich verzierte Kalksteinskelett der Korallen bildet. Ein Schwimmer, der die Oberfläche der Korallen genau beobachtet, wird die kleinen Tentakel der Polypen sehen, die hervorragen, um das vorbeischwimmende Plankton einzufangen. In ihrem Gewebe beherbergen die Polypen auch Pflanzen, kleinste Algen, die die Korallen extrem effizient machen, indem sie das Kohlendioxid der Polypen für ihre Photosynthese brauchen und andere Abfallprodukte in Stoffe umwandeln, die die Polypen dann absorbieren können. Schwämme lassen sich gerne im Riff nieder. Zudem gibt es eine eindrückliche Anzahl von marinen Wirbellosen, die alle einen Weg finden, im Riff zu leben: Würmer, Schnecken, Napfschnecken, Venusmuscheln, Miesmuscheln, Seesterne, Seeigel und Seegurken, um nur einige zu nennen.

Jedermann, der im hellen Sonnenlicht über dem Seegras schnorchelt, sieht kleine Sauerstoffbläschen von den Pflanzen zur Oberfläche aufsteigen und dort in die Atmosphäre platzen. Sie sind ein Produkt der Photosynthese, die, wie wir oft vergessen, dauernd um uns herum an Land stattfindet. Hier im Meer werden wir daran erinnert, dass diese zerbrechlichen Lebensräume wie die Korallenriffe, die Seegrasgebiete und die Mangroven die letz-

Korallenriffe entsprechen in Bezug auf ihre Biodiversität den Regenwäldern. Auch sie tragen zur Vielfalt der Ökosysteme bei, die der Nationalpark einschliesst.

Der Dugong: Kuh, Meerjungfrau oder Riffschwein?

Für den Biologen entspricht der Dugong im Meer der Kuh an Land: Ein grasfressendes Tier, das in den Seegrasgebieten der seichten tropischen Gewässer weidet. Auch wenn sein ursprüngliches Verbreitungsgebiet von Afrika bis zum Indonesischen Archipel und Australien riesig war, ist der Dugong heute ein seltenes Tier. Wie die anderen Mitglieder seiner Familie, die Manatis, wurde es in seinem Verbreitungsgebiet bis fast zur Ausrottung bejagt. Dugongs werden bis zu 3 m lang und 300 kg schwer und müssen früher für die Küstenbevölkerung eine wichtige Nahrungsquelle dargestellt haben.

Für die im Westen lebenden Leute sind die Dugongs bekannt als Meeresjungfrauen, auch wenn ihnen nur wenige Leute eine grosse Schönheit attestieren würden. In Madagaskar ist der Dugong als *lamboara*, das Riffschwein bekannt. Ob sich diese Bezeichnung auf die Form des Tieres oder seinen überlieferten kulinarischen Geschmack bezieht, ist unklar.

Früher war die Region für die grosse Anzahl von Dugongs bekannt, die wegen ihres Fleisches und Öls bis ins beginnende 20. Jahrhundert gejagt wurden. Gelegentliche Beobachtungen von Dugongs sind auch kürzlich aus der Bucht von Antongil beschrieben, aber keine konnte seit den frühen 1990er Jahren bestätigt

te Chance sind, die wertvollen Nährstoffe in der Nähe des Landes und der Menschen zurückzuhalten, bevor sie ins Meer gewaschen werden und mit den Meeresströmungen in einen anderen Teil der Erde treiben. Seegrasgebiete sind Weidegebiete für viele Arten, darunter die früher zahlreichen Dugongs und Meeresschildkröten. Sie bieten vielen erwachsenen und jungen Fischen und Wirbellosen Schutz. Die Hauptbedrohung für diese wichtigen Lebensräume in Masoala ist die Sedimentation, die durch die Waldabholzung und die Übernutzung einzelner Ressourcen an Land verursacht wird.

Mangroven wachsen auf dem von Flut und Ebbe beeinflussten, schlammigen Strand an verschiedenen Stellen Masoalas, dort, wo sie von den grösseren Wasserströmen relativ geschützt sind und wo sich Schlamm ablagern kann, so etwa hinter den Lagunen oder bei Flussmündungen. Die Bäume, die in den Mangroven wachsen, sind hoch spezialisiert für das harte Leben in diesem mit Wasser voll gesogenen, sauerstoffarmen Schlamm, in dem sich der Salzgehalt alle zwölf Stunden stark verändert. Das offensichtlichste Merkmal, das ein Besucher der Mangroven feststellt, sind die Wurzeln, die aus dem Schlamm in die Luft ragen, entweder als Spitzen, in umgekehrter U-Form oder als Stelzwurzeln, die von mehreren Metern Höhe vom Stamm ins Wasser hinuntergehen. Diese Luftwurzeln erlauben den Bäumen, den Gasaustausch auch über dem sauerstoffarmen Schlamm zu tätigen. Wie die anderen marinen Lebensräume am Übergang zwischen Meer und Land, sind die Mangroven äusserst produktiv und beherbergen viele Wirbellose und Fische, die für den Menschen wertvoll sind.

Auch ausserhalb der marinen Parks ist die Bucht von Antongil ein wichtiger Lebensraum für viele Arten, auch für solche, die kommerziell interessant sind. Je mehr man von der Bucht weiss, desto offensichtlicher wird, dass sie ein wichtiger Ort für die Fortpflanzung einiger Hai-Arten ist. Besonders junge Hammerhaie findet man häufig auf dem Markt von Maroantsetra. Die bestbekannten Besucher der Bucht sind die Buckelwale. Die Bucht ist weltweit einer der wichtigsten Orte, an dem die Buckelwale ihre Jungen zur Welt bringen. Jedes Jahr ziehen zwischen Juli und September hunderte dieser riesigen Säugetiere von den nahrungsreichen Gewässern der Antarktis in die wärmeren Regionen des nördlichen Madagaskar. Hier verbringen sie den Winter, bringen Junge zur Welt und paaren sich, vor allem in der Bucht von Antongil. Ein Langzeitforschungsprojekt des Amerikanischen Naturhistorischen Museums und der Wildlife Conservation Society, das 1997 begann, hat über 1200 Buckelwale in der Bucht gezählt. Man weiss, dass verschiedene Mütter über die Jahre hinweg immer wieder hierher zurückkehren, um zu gebären. Auch wenn genaue Schätzungen schwierig sind, weiss man doch, dass jedes Jahr mehrere hundert Buckelwale die Bucht besuchen.

werden. Wenn hier immer noch eine kleine Population überlebt hat, ist die Masoala Region wahrscheinlich das letzte Refugium für ein Überleben der Art im östlichen Madagaskar.

Walfänger in der Bucht von Antongil

Wale werden vom Volk der Betsimisaraka, die um die Bucht von Antongil leben, mit Ehrfurcht behandelt. Sie nennen sie gleich, wie Gott traditionell genannt wird: Zanaharibe. Die Wale gelten als heilig und wurden von den Einheimischen nie in grösserer Zahl gejagt. Trotzdem haben einige Dörfer in der Vergangenheit, wenn die Reisernte knapp ausfiel, unter einem bestimmten Ritual Wale gejagt. Ein Dorfältester holte den Segen für die Jagd bei den Vorfahren und bei Gott in einem joro ein, einer Zeremonie, in der der Älteste mit der spirituellen Welt Kontakt aufnimmt. Es dauerte oft Tage, bis die Anfrage beantwortet wurde, und wenn einmal die Erlaubnis erteilt war, führte

der Älteste eine Gruppe von Männern zur Waljagd. Während der Zeit, in der sich die Männer auf die Jagd vorbereiteten, war kein Kontakt zu den Frauen erlaubt. Gejagt wurden spezifisch die Walmütter mit ihren Jungen. Wurden sie gesichtet, legten sie dem Jungtier eine Schlinge an und trieben es ins seichte Wasser. Die Mutter folgte dem hilflosen Kalb, bis sie selbst angegriffen wurde. War die Mutter dann am Ufer gestrandet, war es Arbeit der Dorffrauen, den Wal zu töten, der ihre Männer während den vorhergehenden Tagen beschäftigt hatte.
Das strenge Ritual der Betsimisaraka stand in grossem Kontrast zu den Aktivitäten der fremden Walfängerschiffe, die die Walpopulation in der Bucht von Antongil mit der industriellen Jagd des 19. und 20. Jahrhunderts dezimierten. Mehrere gleichzeitig arbeitende Schiffe fingen jedes Jahr Hunderte von Walen an den Küsten Madagaskars und reduzierten ihre Zahl dramatisch. Der westindische Ozean wurde 1979 zum Internationalen Walschutzgebiet erklärt, und die Population scheint sich nun langsam zu erholen.

Es ist heute immer noch möglich, auf die Bucht von Antongil hinauszuschauen und sich vorzustellen, wie sich hier Wale, Haie, Dugongs, Meeresschildkröten, Thunfische und andere Arten tummelten, die vor der Ankunft des Menschen hier noch sehr häufig waren. Es waren sicher die frühen Siedler, die die grossen Arten wie den Elefantenvogel, das Zwergflusspferd oder den Riesenlemuren ausrotteten. Nach 1500 kamen die europäischen und afrikanischen Einwanderer von aussen dazu und die Technologie hat sicher auch eine Rolle gespielt. Dazu kommt, dass die vom Menschen eingeführten Arten den endemischen madagassischen Tieren arg zugesetzt haben: Die Ratten, die Buschschweine, die Sperlinge, die Ziegen, die Wasserhyazinthen; die Liste scheint endlos. Heute gehören diese eingeführten Arten und auch der Mensch, der sie nach Madagaskar gebracht hat, zum Land und sind damit ein Teil des komplexen Gleichgewichts von Naturschutz und nachhaltiger Nutzung. Ein gutes Verständnis der Ökologie, der eingeführten Arten und der Kultur der Menschen, ihr Einfluss und ihr Bedarf an Ressourcen ist entscheidend, wenn es darum geht, die Naturzerstörung zu bremsen, die Tag für Tag durch die madagassische Bevölkerung erfolgt.

Bild Seite 43: Holzschnitt der Jagd auf Pottwale

Dieser holländische Holzschnitt von 1598 des Walfangs vor der Insel Sainte-Marie zeigt nicht nur die Technik, die eingesetzt wurde, um Wale zu fangen. Er zeigt auch, dass andere Arten als Buckelwale, darunter diese Pottwale – genügend häufig waren, dass sie bejagt werden konnten.

Forscher der WCS und des American Museum of Natural History beobachten die Buckelwale in der Bucht von Antongil seit 1996. Walbeobachtungen werden jetzt als touristische Aktivitäten eingeführt, um bei den Einheimischen ein Interesse an ihrem Schutz zu fördern.

Die Menschen und Masoala

Matthew Hatchwell

Während zehn Millionen Jahren entwickelte sich die Tierwelt von Madagaskar isoliert vom Rest der Erde und frei von jedem menschlichen Einfluss. Trotz dem Raubzug des Menschen auf die Natur Madagaskars in den letzten etwa 1500 Jahren seit seiner Ankunft auf der Insel ist noch ein Rest von einzigartigem, ursprünglichem Leben erhalten geblieben. Doch die Uhr kann nicht zurückgedreht werden. Verantwortliche für die letzten Inseln ursprünglicher Natur im Land – wie dem Masoala Nationalpark – müssen deshalb sowohl das faktische, aber auch das spirituelle Verhältnis der Menschen zur Natur genau verstehen. Gerade die traditionelle Spiritualität ist für das madagassische Volk sehr wichtig und Thema dieses Kapitels.

Die Ankunft des Menschen auf Madagaskar

Man geht heute davon aus, dass die ersten Menschen erst vor 1300–1500 Jahren in Madagaskar ankamen. Wie das geschah, wird immer noch diskutiert. Die Ähnlichkeit in Sprache, Kultur und Aussehen machen es sehr wahrscheinlich, dass die ersten Menschen aus dem heutigen Indonesien stammten. Es gibt zwei Theorien, wie sie von dort nach Madagaskar kamen. Die eine Möglichkeit ist, dass sie getrieben von der Meeresströmung und den Monsunwinden, die zwischen Dezember und April wehen, direkt mit Booten über den Indischen Ozean kamen. Es wäre auch möglich, dass sie über Generationen dem Bogen des Indischen Ozeans entlang segelten, wo sie Elemente der arabischen und afrikanischen Sprache und Kultur aufnahmen, aber trotzdem die meisten Elemente ihrer ursprünglichen asiatischen Identität beibehielten, als sie in Madagaskar ankamen. Diese indonesischen Einwanderer sollen auch Kulturpflanzen an die Ostküste Afrikas gebracht haben, wie Bananen, Süsskartoffeln, Brotfrüchte und Kokosnüsse. Das Wissen um diese alternativen Ernährungsmöglichkeiten soll ihnen Vorteile gegenüber den Jagdvölkern gebracht haben. Eine andere Neuheit waren die viereckigen, mit Palmblättern gedeckten Häuser oder die Ausleger-Kanus, die heute in Madagaskar – wenn auch nicht in Masoala – noch häufig sind. Die Möglichkeit, dass einzelne Einwanderer an der Küste Afrikas Halt machten, vielleicht auch Afrikaner mitnahmen, würde erklären, weshalb einzelne Bantu-Wörter Eingang in die frühe madagassische Sprache gefunden haben.

Bild Seite 44: Die Bucht von Antongil ist durch die Landmasse der Masoala Halbinsel gut geschützt vor den Wellen und den Zyklonen, die vom Indischen Ozean her kommen. 1500 bot sie den europäischen Schiffen Schutz, und vielleicht erlaubte sie schon viel früher den ersten Madagassen, die auf die Insel kamen, in ihrem Schutz an Land zu gehen.

Archäologische Funde

Die ältesten Zeichen menschlicher Besiedlung Madagaskars finden sich im Nordosten der Insel. Bis heute ist das traditionelle Haus im Hochland so gebaut, dass im nordöstlichen Teil der heilige, den Vorfahren gewidmete Teil eingerichtet wird. Eine Legende bezeichnet die Ostküste Masoalas südlich von Cap Est spezifisch als Ort, wo die ersten Siedler ankamen, und diese Region als die Wiege der Madagassen. Tatsächlich hat man bis heute auf Masoala selbst keine Funde machen können, es existieren aber Funde etwas nördlich in Vohemar, in Mananara jenseits der Bucht von Antongil und auf der Insel Nosy Mangabe. Auf Nosy Mangabe fand der bekannte französische Archäologe Pierre Vérin Keramikreste, die auf das 8. Jahrhundert datiert wurden, in eine Zeit, aus der auch andere Funde von der frühesten Ankunft des Menschen in Madagaskar zeugen. Vérins Grabungen fanden gerade nördlich des Antanangasy Lagers am einzig flachen Stück der Insel statt. Dort mündet ein kleines Flüsschen und die Stelle war für eine erste Siedlung sehr geeignet, weil sie die Anlegung von landwirtschaftlichen Feldern erlaubte.

Vielleicht sah auch Antalaha einmal so aus wie diese nur jahreszeitlich genutzte Fischerhütte bei Pointe Tampolo.

Arabische Einflüsse

Der arabische Einfluss ist im Nordwesten des Landes spürbar. So ist es für viele Madagassen *fady* **(Tabu) Schweinefleisch zu essen, besonders für die Sakalava im Nordwesten, wo der arabische Einfluss am stärksten ist. Tiere, die für den menschlichen Konsum bestimmt sind, müssen dort geschächtet werden.**
Eine Geschichte über die Entstehung der Stadt Antalaha erzählt, wie sich dort vor mehreren hundert Jahren zwei arabische Brüder niederliessen.
Beide arbeiteten hart, um sich zu behaupten, und dies gelang ihnen auch, aber einer musste anerkennen, dass der andere Bruder den Löwenanteil der Arbeit vollbrachte, und entschied deshalb, seinen Anspruch auf den reichen und friedlichen «Platz von Allah» aufzugeben. Laut dem früheren Stadtpräsidenten von Antalaha gibt es noch eine Baumallee auf einem alten Damm als einziges Zeugnis der Arbeit der beiden Brüder.
Eine andere Geschichte über die Entstehung von Antalaha – die Stadt wurde erst im 20. Jahrhundert als Zentrum für den Vanille-Handel gegründet – berichtet, dass die Stadt an Stelle eines kleinen Fischerdorfes, das jeweils von den Fischern nur für kurze Zeit bewohnt war, errichtet wurde.
Diese kehrten nach der Saison wieder in ihre Dörfer zurück. Der Ort war bei den Fischern und ihren Familien als «Platz der Männer» bekannt.

Siedlungen der Masoala Halbinsel

Auf Masoala leben etwa 85 000 Leute. Die Bevölkerung konzentriert sich in der nordwestlichen Ecke der Bucht von Antongil – das Dorf Mahalevona allein hat etwa 13 000 Einwohner – und an der Ostküste in den Dörfern Ambohitralananana, Ratsianarana, Ampanavoana und Vinaviao. Im Süden sind Ambodilaitry, Masoala und Fampotabe die wichtigsten Dörfer. Die steile Westküste ist bis auf die beiden kleineren Dörfer Nandrahana und Ambanizana nur spärlich besiedelt. Das flache, küstennahe Gebiet im Osten ist für den Ackerbau viel besser geeignet und hat deshalb auch mehr Siedlungen. Alle grösseren Ortschaften befinden sich an Stellen, die gut per Boot erreichbar sind. Mit dem Wachstum der Bevölkerung hat sich diese entlang der Wasserwege bis ins Zentrum der Halbinsel ausgedehnt. Es ist an der Grenzziehung des Nationalparks klar ersichtlich, wie diese um die Dörfer herum gezogen wurde. Fast hätten die Siedlungen zur Zerstückelung des Waldes geführt. In der Nähe der Enklave Analambolo im Nordwesten des Parks sind drei grosse Stücke des Parks nur noch über schmale, gefährdete Wald-Korridore von einer Breite von weniger als einem Kilometer verbunden.
Die Besiedlung beginnt typischerweise mit einer jungen, landlosen Familie aus einer bestehenden Dorfgemeinschaft, die den Fluss hinaufzieht, um dort Reis anzubauen. Sie baut ein kleines Haus, das sie wieder verlässt, wenn der Reis geerntet ist und zieht sich ins Dorf zurück.
Im nächsten Jahr rodet sie mehr Land für den Reisanbau, bis genügend Nahrung da ist, um die Familie das ganze Jahr zu ernähren. Dann wird die Siedlung fest, und weitere Familienmitglieder ziehen zu. So entsteht mit der Zeit ein neues Dorf.
Es überrascht nicht, dass es in diesem gebirgigen Gelände kaum eine Strasse gibt, die dieses 4500 km² grosse Gebiet von Masoala erschliesst. Am besten kommt man zu Fuss oder mit dem Boot der Küste entlang vorwärts. Fusswege verbinden die Gemeinden miteinander. Häufig müssen dabei Flüsse durchquert werden und die Pfade werden nach schweren Regen völlig unpassierbar. Grosse Wellen, die vom Indischen Ozean her kommen, machen die Bootsfahrt oft gefährlich, besonders wenn es darum geht, die schmalen Zufahrten vom offenen Meer durchs Riff zu finden, die zu den Dörfern an der Ostküste führen. Einige Dörfer an der Küste haben Schulen und Gesundheitszentren, aber es fehlt an ausgebildetem Personal, an Büchern und Medikamenten, um sie zu betreiben. Analphabetismus und Kindersterblichkeit sind deshalb hoch.

Auch wenn die afrikanischen Ahnen heute besonders in Küstenregionen wie in Masoala die asiatischen überwiegen, was man am Aussehen der Menschen erkennen kann, dominiert doch im täglichen Leben und in der Kultur der asiatische Einfluss. Madagassen bezeichnen ihre Insel als Kontinent und ihre Beziehungen zu Afrika sind trotz der geringen Distanz überraschend gering. Es gibt heute mehr Flüge von Madagaskar nach Frankreich als in alle afrikanischen Länder zusammen.

Als sich die ersten Siedler in Madagaskar einmal etabliert hatten, verstärkten sich die Kontakte zu Afrika. Die nahen Komoren-Inseln sollen im 3. Jahrhundert besiedelt worden sein und im 10. Jahrhundert wurden sie häufig von arabischen Händlern vom Festland her besucht. Die Araber liessen sich auf den Komoren nieder, wo bis heute die Mehrheit der Bewohner Muslime sind. Als die Portugiesen das Land entdeckten, befanden sich schon 1500 verschiedene Handelsumschlagplätze im Nordwesten Madagaskars. Der direkte Einfluss der Araber ging aber nie über die dortigen Küstenregionen hinaus. Spuren dieses möglichen Einflusses sind trotzdem geblieben, in Form von Tabus oder *fady*, die sich von islamischen Bräuchen ableiten lassen, und in den Nachkommen von Afrikanern, die vermutlich von den arabischen Händlern als Sklaven auf die Insel mitgebracht worden sind.

Formen von Knechtschaft waren bereits vor der Ankunft der ersten Europäer in der madagassischen Gesellschaft üblich. Der Sklavenhandel hatte einen tief greifenden Einfluss auf das Klassensystem und Folgen, die bis heute erkennbar sind. Die Sklaverei ist sowohl für die Nachkommen von Sklavenbesitzern wie auch von Sklaven ein Thema, über das die meisten Madagassen nicht gerne diskutieren, gerade auch nach den fast zwei Jahrzehnten des egalisierenden Sozialismus zwischen 1975 und 1991.

Ein anderes bestimmendes historisches Ereignis im Nordosten Madagaskars, diesmal ein Grund zum Stolz der Bevölkerung, war die Zeit der Betsimisaraka-Konföderation im frühen 18. Jahrhundert. Ratsimilaho, von dem noch die Rede sein wird, hat diese trotz ihres Namens («die vielen Unzertrennlichen») nicht immer harmonische Einheit der Betsimisaraka geschaffen. Wichtig ist in diesem Zusammenhang die Art, wie diese Volksgruppe mit ihrer Umwelt umging.

Der Vorfahrenkult

In einem Artikel fasst Margaret Brown, eine amerikanische Anthropologin, die ihre Doktorarbeit in Masoala Mitte der 90er Jahre machte, die Wichtigkeit des Vorfahrenkults im täglichen Leben der Madagassen folgendermassen zusammen: «Drei Glaubensgrundsätze … sind in ganz Madagaskar verbreitet. Der erste ist die Macht der Vorfahren, die das tägliche Leben be-

Sahafary ist eine typische alte Siedlung am Iagnobe Fluss an der Ostküste Masoalas.

einflussen. Der zweite ... ist, dass die soziale Identität eines Individuums von seinen Beziehungen zu den Vorfahren bestimmt wird. Die dritte ist, dass die Macht der Vorfahren vom Land der Vorfahren ausgeht. Dies führt dazu, dass die Leute ihre Vorfahren kennen müssen und in engem Kontakt mit ihnen, ihrem bebauten Land und/oder ihrem Grab sein müssen, um vollwertige Mitglieder der Gesellschaft zu sein.» John Mack vom British Museum schreibt in seinem Buch *Madagaskar: Insel der Vorfahren* dass «die Idee der Vorfahren alles beinhaltet und ausdrückt, was in Bezug auf die sozialen Kompetenzen und die Moral wünschbar ist... Die schwerste Strafe bei der Verletzung der Regeln ist der Ausschluss vom Grab der Vorfahren.» Soziale und familiäre Beziehungen sind in Madagaskar sehr wichtig. Es ist deshalb nicht erstaunlich, dass die Vorfahren auch in der heutigen Gesellschaft eine zentrale Rolle spielen. Sie gehören zu allen Aspekten des Lebens. Die Verbindung zu den Vorfahren über das bebaute Land heisst zum Beispiel, dass Reis, Grundnahrungsmittel für die Madagassen seit vielen Jahrhunderten, nicht nur Nahrungsquelle, sondern auch eine Verbindung zwischen Leben, Tod und Land ist, das von Generation zu Generation weitergegeben wird. Auch Rinder sind mehr als nur Zeichen von Wohlstand, Nahrungsquelle oder eine Form von Währung. Wenn ein Zebu geschlachtet wird als Teil eines Begräbnisses, bei einer Zeremonie zur Drehung der Toten (bekannt als *famadihana* und lokal als *asa harena, fagnokoaragna* oder *tsaboraha*) oder bei anderen Ritualen (*joro* oder *rasariagna*), wird es zur «Kommunikations-Verbindung zu den Vorfahren» (John Mack).

Zeremonien variieren je nach Region und sozialer Herkunft, beide, *famadihana* und *joro*, sind aber ein wichtiger Teil im Leben der Betsimisaraka in Masoala. *Famadihana* (Das «Drehen der Toten») wird meist auf zwei Arten gefeiert. In der ersten werden die Überreste einer gestorbenen Person vier bis fünf Jahre nach dem Tod exhumiert, ihre Knochen gereinigt und in ein neues Leinentuch (oder *lamba mena*) gewickelt, bevor sie ins Vorfahrengrab oder den Familiensarkophag gelegt werden. Ist jemand weit weg vom Vorfahrengrab gestorben, gehört der Transport zum Vorfahrengrab auch zur Zeremonie. *Famadihana*-Zeremonien zur Drehung der Toten können auch Jahre später gefeiert werden, oft auf Geheiss eines *ombiasy* oder Medizinmannes, um die Zustimmung oder um den Rat der Vorfahren für ein bestimmtes Problem zu erlangen. In diesem Fall werden die Toten mit einem grossen Fest mit Reis, Fleisch, reichlich Alkohol, Tänzen und Unterhaltung bis weit in die Nacht hinein geehrt. Die Gebeine werden aus dem Grab geholt, gereinigt, neu in Leinen gewickelt und wieder zurückgelegt.

Die *joro*-Zeremonie andererseits beinhaltet typischerweise die Opferung eines Rindes, um den Segen der Vorfahren für ein bestimmtes Vorhaben zu erlangen, wie den Bau eines neuen

Bild Seite 50: Der Friedhof von Sahafary liegt am gegenüberliegenden Ufer des Iagnobe Flusses. Eine Frau begleitet den Leichnam ihres verstorbenen Neffen zum Grab der Vorfahren.

Die Vorbereitung der Felder für die Reispflanzungen ist die Arbeit der Männer – und der Zebus. Neben ihrer Bedeutung als Nutztiere sind die Zebus ein Zeichen für Reichtum und werden als Opfergaben zu Vermittlern zwischen den Lebenden und den Toten.

Hauses, die Wasserung eines neuen Bootes oder die Bestimmung eines neuen Nationalparks! Eine *joro*-Zeremonie kann auch ein Dank sein für einen erfüllten Wunsch wie die Geburt eines sehnlichst erwarteten Kindes. Wehe aber, wenn eine Person vergisst, den Toten zu danken, wenn ein Wunsch in Erfüllung gegangen ist! Eines der vielen *fady* oder Tabus der Masoala-Region verbietet solchen Personen, wenn sie in einem Boot an einem Ort namens Anjanaharibe («am Ort des grossen Schöpfers») an der südöstlichen Spitze der Halbinsel vorbeifahren, Hüte zu tragen oder Tiere mitzunehmen. Wird das *fady* nicht eingehalten, werden die Boote zum Stillstand gebracht, bis die Verfehlung gerichtet ist. Es gibt noch andere *fady*, die der Besucher abgelegener Orte auf Masoala kennen sollte. Man spricht nicht über Krokodile (sie könnten einem hören und angreifen), es ist verboten bei Gräbern zu urinieren und Hunde auf die Insel Nosy Mangabe zu bringen. Polizisten oder Beamte dürfen das Dorf Rantronavona an der Südwestküste der Halbinsel nicht besuchen. Gewisse *fady* gelten für alle Leute, andere sind auf gewisse Familien beschränkt. Für viele Familien entlang der Küste Masoalas sind Buschschweine *fady*. In einem Land, wo Fischköpfe als Delikatesse gelten, mag es für einen Besucher, der die Gastfreundschaft nicht kompromittieren will, willkommen sein, sehr höflich darauf hinzuweisen, dass diese für ihn *fady* sind. Vegetarier machen das gleiche mit Fleischprodukten und werden mit viel Sympathie bemitleidet, dass sie auf diese Delikatessen verzichten müssen.

Der Reis und die Betsimisaraka

Reis als Grundnahrungsmittel der Madagassen zu bezeichnen, genügt nicht, um seine Bedeutung für die meisten Leute zu beschreiben. Etwa drei Viertel der Bevölkerung Madagaskars sind in der Reisproduktion tätig. Mit 120 kg per Einwohner gehört der Reiskonsum zum höchsten der Welt – und er wäre noch viel höher, könnten die Leute sich in der Zeit, in denen die Vorräte langsam zur Neige gehen, zusätzlichen Reis leisten. In Masoala kann man davon ausgehen, dass eine gesunde, erwachsene Person täglich 1 kg Reis (Trockengewicht) isst, sofern sie dies vermag. Es wird in den Dörfern als beschämend empfunden, wenn man etwas anderes als Reis isst. Wenn Reis knapp wird, verstehen es die ärmeren Familien, sich zum Essen den neugierigen Augen

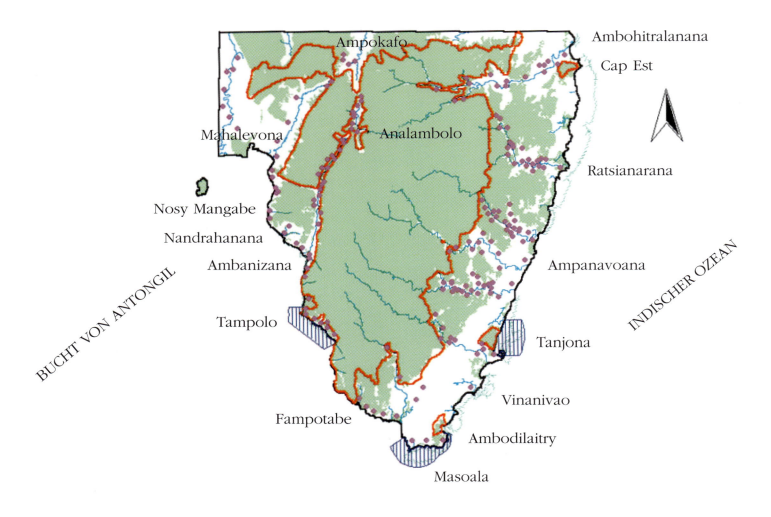

Anhand der Verteilung der Dörfer rund um den National-park kann man die dichtere Bevölkerung an der Ostküste und die Siedlungen erkennen, die immer mehr den Tälern nach ins Innere der Halbinsel vorstossen.

Siedlung
Mariner Park
Korallenriff
Parkgrenze
Küste
Flüsse
Regenwald

Jagd und Bushmeat-Konsum in Masoala

«Bushmeat» ist ein Begriff, mit dem Naturschützer auf der ganzen Welt Fleisch von wilden Tieren bezeichnen. Im Fall von Madagaskar gibt es nur wenige grosse Tiere – vielleicht den Tanrek und das Perlhuhn – bei denen sich die Jagd lohnt. Aus der Sicht des Naturschutzes sind die Wildschweine attraktive Kandidaten für den Kochtopf, weil sie in Madagaskar eingeführt wurden. Sie sind aber sehr schwierig zu jagen, und ihr Fleisch gilt, besonders im Norden, als *fady*. In den Teilen des Landes, in denen die Lemuren nicht *fady* sind, werden diese als alternative Proteinquelle bejagt. Es ist sehr schwierig, die Zahl der gejagten Lemuren zu erfassen, weil die Jagd seit 1964 illegal ist. Auch das Halten als Haustiere ist untersagt. Trotzdem weiss man, dass Jäger im Westen Masoalas mit Gewehren unterwegs sind, und gelegentlich trifft eine ANGAP Nationalparkpatrouille auf eine *laly*, einen gerodeten Waldstreifen von 5 m Breite und mindestens 50 m Länge. Darüber liegen ein paar Äste, die den Lemuren für die Überquerung der Lichtung gelassen wurden mit Fangschlingen. Gelegentlich können *laly* sogar bei Überflügen aus der Luft erkannt werden.
Neben Massnahmen zur Durchsetzung des Rechts in Gebieten, in denen bekanntermassen gejagt wird, versuchten ANGAP, WCS und ihre Partner als Alternative zur Lemurenjagd Fischfarmen als Proteinquellen zu fördern. Unglücklicherweise sind die Fischzuchtteiche in den Tälern durch Überschwemmungen und die Erosion gefährdet. Sie haben die vergangenen Zyklone nicht überlebt. Weitere Studien sind nötig, um den Einfluss der Jagd auf die Lemurenpopulation abzuschätzen und Alternativen zu finden.

der Nachbarn zu entziehen, damit sie sich nicht schämen müssen, nicht täglich dreimal, 365 Tage im Jahr, Reis auf den Tisch zu stellen. Es ist sehr schwierig, die Dorfbewohner zu motivieren, alternative, nährstoffreiche Nahrungsmittel wie Linsen, Kartoffeln, Maniok, Mais, Spanische Nüsse und anderes anzubauen. In Abwechslung mit Reis angepflanzt, würden diese mithelfen, die Erde neu anzureichern. Damit würden die Bauern daran gehindert, neues Land für den Reisanbau zu suchen. Die lokalen Madagassen sind oft erstaunt, zu sehen, wie die Fremden Brotfrucht und Grapefruit essen, die sie selbst verschmähen, so dass sie nicht einmal auf dem Markt angeboten werden.

In Masoala gibt es zwei Arten von Reisanbau: Die bewässerten Reisfelder in den Tälern und den rein regenabhängigen Hügelreis. Die Reisfelder ergeben etwa 50% mehr Ertrag, sind aber arbeitsintensiver und nur an wenigen Stellen Masoalas in den flachen Talböden überhaupt anzubauen. Dagegen gibt es immer noch bewaldete Hügel, die sehr einfach mit der Axt, einem Schächtelchen Zündhölzchen und einigen Tagen harter Arbeit in Reisanbauzonen umgewandelt werden können. Die Brandrodungslandwirtschaft (lokal bekannt als *jinja* oder *vary an-tanety* und ausserhalb als *tavy*) wird auch erleichtert durch die Tatsache, dass der Wald als Allgemeingut angesehen wird. Sobald das Land gerodet und angebaut ist, betrachtet man es als privaten Besitz. Dorfbewohner, die so ihre Reisanbaufelder Hektar um Hektar durch Rodung vergrössern, unterstehen kaum einer Kontrolle. Für einen Naturschützer im Osten Madagaskars gibt es kaum etwas Bedenklicheres, als am Ende der Trockenzeit im November und Dezember nach Antananarivo durch die Rauchwolken zurückzufliegen, die über einer immer mehr zerteilten Landschaft liegen. Aus naturschützerischer Sicht wirkt *tavy* auch deshalb so zerstörerisch, weil nach zwei Jahren der Produktion das Land während zehn Jahren ruhen muss, bis genügend Vegetation nachgewachsen ist. Der Zyklus ist aber meist nur vier bis sechs Jahre, und nach zwei bis drei Zyklen ist die Erde so ausgelaugt und oft so stark erodiert, dass ein neues Stück Wald gerodet wird. Die magere Vegetation, die noch nachwächst, ist unbrauchbar und genügt nicht, die Erosionsrisse, die man nördlich des Nationalparks in der Landschaft sehen kann, zu verhindern. Es ist ein grosses Problem für die Naturschutzverantwortlichen, dass die Betsimisaraka-Kultur das Roden des Waldes für den Reisanbau als eine Art Ehrung der Vorfahren betrachtet. *Tavy* – Roden, um Reis anzubauen – hat deshalb für die Eingeborenen eine positive Bedeutung. Dazu sind die meisten Betsimisaraka sehr misstrauisch gegenüber dem Wald und seiner ungezähmten Wildnis. Wenn die Parkwächter versuchen, die Dorfbewohner von nachhaltigeren Produktionsmethoden und vom Schutz des Waldes zu überzeugen, kämpfen sie gegen tief verwurzelte kulturelle Werte. Der Reisanbau

54

Reis ist die Grundnahrung aller Madagassen und das Zentrum ihres Lebens. Bevor er gekocht werden kann, müssen die kleinen Steinchen herausgesucht werden, damit nicht die Zähne beschädigt werden.

Bild Seite 55: Das Kultivieren, Vorbereiten und Essen von Reis beschäftigt die Madagassen mehr als jede andere Tätigkeit.

Tavy und *savoka*-Gärten

Im Umfeld eines Dorfes ist die Entwicklung von *savoka*-Gärten auf brachliegenden *tavy*-Flächen ein gutes Beispiel, wie Naturschutz und Entwicklungshilfe Hand in Hand gehen können. Das Prinzip des *savoka*-Gartens (oder der Permakultur, wie sie international genannt wird) besteht darin, dass ausgewählte Pflanzen und Bäume auf der brachliegenden *tavy*-Fläche so gepflanzt werden, dass die Erde mit neuen Nährstoffen angereichert wird und gleichzeitig Nahrungsmittel und andere nützliche Produkte wachsen. Kennt man die Kultur der Betsimisaraka mit ihrer Vorliebe für Reis, kann die Permakultur in Masoala wahrscheinlich nur funktionieren, wenn sie ständig auch von diesem beliebtesten Nahrungsmittel produziert und wenn sie mit anderen Massnahmen kombiniert wird, wie mit einem besseren Zugang zum Markt und der Durchsetzung des geltenden Rechts.
Es kann nicht sein, dass Dorfbewohner, die die Gesetze umgehen, einen unfairen höheren Gewinn erzielen als die gesetzestreuen Nachbarn. Es wird auch wichtig sein, die Entwicklung der Permakultur zu überwachen, um sicherzustellen, dass die Dorfbewohner ihr Geld in etwas anderes investieren als in die Rodung von mehr Land um Reis anzupflanzen! Die Durchsetzung der Gesetze ist fundamental – ohne sie würden auch alle unsere Gesellschaften in der entwickelten Welt zerfallen –

ist vermeintlich eine langfristig angelegte Sicherheitsstrategie, wie ein Bankkonto anderswo in der Welt. Als 1990 eine Equipe des Nationalparks in Sahafary versuchte, ein Projekt zur gemeinschaftlichen Bewirtschaftung des Waldes einzuführen, das *tavy* einschränken sollte, begab sich eine Delegation besorgter Mütter zum Dorfpfarrer, um ihn um Rat zu fragen, wie sie ihre widerspenstigen Söhne überzeugen könnten, an ihre Zukunft zu denken (und sich für *tavy* einzusetzen), statt sich von den kurzfristigen finanziellen Anreizen des Gemeindewaldprojektes davon abhalten zu lassen. Dorfbewohner brauchen Bargeld, um Öl, Salz, Kochtöpfe und anderes zu kaufen. Aber Bargeldeinkommen aus nichttraditionellen Quellen kann ein Dorf wie Sahafary durcheinanderbringen. Besonders, wenn junge Männer viel Bargeld bekommen und dadurch mehr Kaufkraft haben, kann dies zu Spannungen in der Ehe und mit den Dorfältesten führen.

Wie in den meisten Gesellschaften der Welt gibt es auch in den Dörfern rund um Masoala Hierarchien von Reich und Arm. Die Mütter wissen, dass die Fläche, die für den Reisanbau eingesetzt wird, ein wichtiges Zeichen für Reichtum und für den Status der Person in der Gemeinde ist. Das Dorfleben dreht sich fast ausschliesslich um den Anbau und die Verfügbarkeit von Reis und, darüber hinaus, rund um die Strategien der einzelnen Haushalte, mit genügend Reis oder anderen Lebensmitteln die erntefreie Zeit zu überbrücken. Als reich in den Augen der Nachbarn gilt, wer in Bezug auf den Reisbedarf autonom ist. Aber für die meisten Betsimisaraka gibt es «nie genug Reis». Alle Dorfbewohner versuchen in Bezug auf die Reisproduktion autonom zu werden, was beinhaltet, dass sie ihren Überschuss ausserhalb der Saison verkaufen können und so Bargeld erhalten, das wiederum gebraucht werden kann, um mit fremder Hilfe mehr Land zu roden und noch mehr Reis anzupflanzen.

Für die Dorfbewohner, die nahe am ursprünglichen Wald leben, bietet dieser eine Palette von Produkten, die als Zutaten zum Reis gegessen werden können. Mehr als 290 Pflanzen auf Masoala werden von der einheimischen Bevölkerung als Konstruktions- und Heizmaterial, für medizinische Zwecke, für Kunstgegenstände, als Harz, als Werkzeuge oder für Nahrung eingesetzt. Blätter der *vontro*-Palme (*Dypsis sp.*) oder der *satrana*-Palme werden auf der nassen Westseite der Halbinsel für das Decken der Dächer eingesetzt, wo die *ravenala*-Blätter zu schnell faulen. (*Ravenala* oder der «Baum der Reisenden» ist das Blatt der Wahl für den Dachbau im Osten Madagaskars. Im Gegensatz zu *vontro* und *bilahy* ist sie aber eine Pionierpflanze, die im Sekundärwald häufiger ist als im primären.) Die Rinde der *bilahy*-Baumarten (*Melicope sp.*) ist sehr begehrt als Geschmacksstoff für den lokalen Rum, den *betsa betsa*, der aus fermentiertem und destilliertem Zuckerrohr hergestellt wird. Wilden Honig findet man

aber dies geht weit über die Möglichkeiten der ANGAP und der WCS als Betreiber des Nationalparks hinaus. Die Behörden Madagaskars versuchen seit mindestens 150 Jahren *tavy* und die langsame Zerstörung der Wälder im Osten einzudämmen. Das erste Gesetz, das die Brandrodungs-Landwirtschaft Madagaskars verbot, wurde 1881 unter der Regierung der Königin Ranavalona II. erlassen. Ein kolonialer französischer Administrator machte 1898 einen ähnlichen Vorschlag zur Lösung des Problems wie der, der für das Integrierte Masoala Naturschutz- und Entwicklungshilfe-Projekt zwischen 1993 und 2000 formuliert wurde.
Es wird gesagt, dass der Grund des relativ kleinen Erfolgs bei der Bekämpfung der *tavy*-Kultur daran lag, dass es den Fremden nicht gelungen sei, den Einheimischen zu zeigen, dass ein reduziertes *tavy* in ihrem eigenen Interesse liegt. Zieht man aber die Zyklone in Betracht, die kürzlich über Masoala zogen, hat man realisiert, dass *tavy* eine durchaus gute Strategie für die Betsimisaraka-Bauern sein kann, wenn diese annehmen müssen, dass mindestens einmal pro Generation ein so massiver Sturm kommt und alles, was sie besitzen, hinwegfegt. Während hohe Investitionen in Dämme und Bewässerungskanäle für Flachland-Reisfelder wenig Sinn machen, kann mit *tavy* und wenig Arbeit sehr schnell wieder Reis angebaut und geerntet werden. Auch die Umsetzung

des geltenden Rechts kann bei der Bekämpfung von *tavy* nur Erfolg haben, wenn die Bauern sehr sorgfältig in die Massnahmenplanung zum Aufbau von Alternativen miteinbezogen werden.

Kinder in Masoala müssen oft ihren Eltern auf den Feldern helfen, anstatt in die Schule zu gehen. Der Analphabetismus ist deshalb hoch und die Berufswahl sehr eingeschränkt.

häufig, und ausserhalb der Reis-Saison graben die Leute nach der essbaren, voluminösen Wurzel der *Dioscorea*-Liane, bekannt als *ovy ala*. Neben diesen gut bekannten Beispielen nutzen die Einheimischen der Halbinsel weit über hundert Pflanzenarten als Medikamente, andere werden als Hauspfähle, als Grundlage für die Einbaum-Boote, zur Herstellung von Möbeln und für andere Nutzungen eingesetzt. Im Hinterkopf sind sich die Dorfbewohner durchaus bewusst, dass der Wald für sie in Bezug auf den Wasserhaushalt wichtig ist: Er garantiert regelmässige Wassermengen in den Flüssen, Schutz vor Überschwemmungen und Erdrutschen, die riesige Mengen von Schlamm und Steinen bringen, Reisfelder begraben und ganze Dörfer zerstören können.

Eingeflochten in den Zyklus der jährlichen Reisproduktion ist der Anbau von Vanille an der Ostküste und von Gewürznelken rund um Maroantsetra. Trotz dem Unterbruch durch die letzten Zyklone ist Madagaskar immer noch der grösste und bestbekannte Produzent der Welt von Vanille, und Antalaha ist das Hauptproduktionszentrum. Vanille ist für die Bauern auf der Halbinsel sehr lukrativ. Weil sich der Vanille-Preis seit 1997 verzehnfacht hat – von rund $ 25/kg zu $ 250/kg – hat sich der Profit der Bauern markant erhöht und damit auch Diebe auf den Plan gerufen. Wegen dieses Diebstahlrisikos ernten die Bauern die Früchte oft, bevor sie reif sind, was aber zu einer schlechten Qualität des Endprodukts führt. 1999 versuchte man, mit der Einführung einer individuellen Tätowierung der Pflanzen dem Diebstahl vorzubeugen, aber heute sind die Preise so hoch, dass skrupellose Händler keine Rücksicht mehr darauf nehmen und auch Vanille kaufen, von dem sie wissen, dass er gestohlen wurde.

Bis vor kurzem wuchsen die meisten Vanille-Sorten (Vanille ist eine Orchidee) am besten im Schatten grösserer Bäume und verlangten keine vollständige Zerstörung des Regenwalddaches. Eine neue, von einem EU-Programm eingeführte, sonnenresistentere Sorte erhöht jetzt aber den Druck auf die kleinen Bauern und kann zu stärkerer Abholzung führen. Auch Gewürznelkenbäume brauchen direktes Sonnenlicht und erfordern eine vollständige Rodung. Die Zyklone der letzten Jahre haben alle Gewürznelkenplantagen an der Ostküste Masoalas eliminiert (die spröden Stämme brechen leicht bei starkem Wind), aber an der geschützteren Westküste sind sie für die Bevölkerung weiterhin sehr wichtig. Landet man in Maroantsetra, schaut man hinunter auf die Gewürznelkenbäume, die wie gelb-grüne Figuren auf einem riesigen Schachbrett erscheinen. Kommt man im Juli oder Dezember, steigt einem der satte, ölige Geruch des exotischen Gewürzes in die Nase, das auf Bambustischen in der Sonne ausgelegt ist.

Kommt der Besucher näher ans Zentrum von Maroantsetra, kommt zum Geruch von Vanille und Nelken ein frischer, an einem heissen Tag auch einmal ein nicht mehr so frischer Geruch

Auch wenn es für die meisten Betsimisaraka *fady* ist am Dienstag und am Donnerstag in den Reisfeldern zu arbeiten, gibt es doch viel zu tun. Das Christentum ist weit verbreitet, nur der Sonntag gilt als Ruhetag.

von Fisch. Der Markt oder *bazary* ist das Aktivitätszentrum der kleinen Stadt und an einem heissen Tag ein Meer von lokal hergestellten, farbigen Strohhüten. Fischen ist eine wichtige Einkommensquelle für die Dorfbewohner rund um die Bucht von Antongil und an der Küste Masoalas. 137 Arten Fisch- und Krustentiere werden als Nahrung verwendet. Nur wenige Fischer leben so nah, dass sie Antalaha oder Maroantsetra mit dem Paddelboot erreichen können, und so werden die meisten Fische gesalzen oder sonnengetrocknet und kommen so auf den Markt. Die meisten Fischer arbeiten in geschützten Gewässern entlang der Küste und haben keine Ausrüstung, um grosse Fische im tieferen Wasser zu fangen. Am intensivsten wird innerhalb des Riffs an der Ostküste gefischt, wo die Konkurrenz mit auswärtigen Fischern gross ist und zu einer fortgeschrittenen Zerstörung des Riffs geführt hat. Beliebte Fänge sind Seegurken (für welche lokale Exporteure bis $ 10 bekommen), Tintenfische, Krabben, Hummer und Garnelen. Ausserhalb des Riffs wird nach Haien gejagt (die wegen ihrer Flossen gefangen werden und wegen ihres langsamen Vermehrungszyklus' zusehends seltener werden). In der Bucht Antongil fischen französische Schleppnetzfischer Garnelen für den lukrativen europäischen Markt. Diese Schleppnetzfischer sind bei den lokalen Fischern nicht gern gesehen, man sagt ihnen nach, dass sie nicht nur die Garnelen vollständig aus den Gewässern wegfischen, sondern auch den Beifang zu Dumpingpreisen auf den lokalen Markt werfen und so den lokalen Fischern das Geschäft kaputtmachen. Diese Spannungen sind Anlass für ein Programm des integrierten Küstenzonenmanagements, das jetzt von der Wildlife Conservation Society mit madagassischen Partnerorganisationen eingeführt wird.

Eine andere Einkommensquelle für die Dorfbewohner ist der illegale Handel von Eben- und Rosenholz. Genaue Zahlen gibt es nicht, aber eine Studie schätzt, dass im Jahr 2000 40 000 Tonnen Rosenholz mit einem Marktwert von $ 2000 pro Tonne aus Masoala exportiert wurden. Weil die Gesetze nicht durchgesetzt werden können, wird der schnelle Profit begleitet von verschiedenen Arten der Korruption bei minimalen Löhnen der «Holzfäller». Für das Rosenholz dringen die Dorfbewohner und temporär angestellte Arbeiter tief in den Nationalpark ein, um die grossen *Dalbergia*-Bäume zu fällen, deren Holz eine tiefrosa Farbe aufweist, wenn es der Luft ausgesetzt wird, welche dem Holz seinen Namen gab. Der Stamm wird in Teile zersägt und manchmal von Hand mehrere Kilometer über schwieriges Gelände bis zum nächsten Fluss gezogen und gerollt. Hat der Holzfäller Glück, erhält er für diese harte Arbeit $ 10, während die Händler und Exporteure reich werden. Auch der Staat bekommt keine Steuern, weil der grösste Teil des Handels illegal abläuft. In den vergangenen Jahren wurden verschiedene Anläufe gemacht, den Hartholzhandel mittels Gesetzen unter Kontrolle zu brin-

Bild Seite 60: Die Pflege von Vanille beinhaltet auch das Trocknen der Früchte unter der heissen Sonne. Weil der Marktwert so hoch ist, müssen sie in allen Produktionsstadien gut überwacht werden.

Frauen und Kinder waten am Abend oft im seichten Wasser der Küste entlang und fangen mit einem feinen Schleppnetz Fische.

gen. Doch die Durchsetzung bleibt problematisch, sogar im Innern des Masoala Nationalparks, wo jede Art von Holzfällen streng verboten ist.

Wie immer der Anbau von Reis, der Anbau anderer Produkte und die Fischerei für den Lebensunterhalt kombiniert werden, in einer für den Naturschützer relevanten Beziehung haben die Dorfbewohner keine Chance: Jeder, der auf Masoala lebt, lebt direkt von den natürlichen Ressourcen. Fast niemand in Masoala, auch wenn die Mittel dazu da wären, hat die Chance Rechtsanwalt, Doktor, Journalist, Pilot, Busfahrer, Sekretärin oder Mechaniker zu werden. Niemand kann auf einen angenehmen Ruhestand warten. Haben die Leute ein bisschen Geld, so ist es für sie die beste Investition, wenn sie zur Anpflanzung von Reis und anderen Produkten mit diesem Geld weiteres Land roden. Es ist wichtig, den Landgemeinden bei ihrer Entwicklung zu helfen und die Armut zu bekämpfen. Aber alle Strategien, die ausschliesslich auf der Nutzung natürlicher Ressourcen basieren oder allein das Einkommen verbessern, führen nur zu einer schnelleren Zerstörung der Natur. Programme zur Verminderung der Armut an Orten wie Masoala müssen deshalb in enger Zusammenarbeit mit den Naturschützern geplant und umgesetzt werden, damit auch die Umwelt berücksichtigt wird, und damit die Entwicklung ökologisch nachhaltig ist.

Es ist sogar für die Naturschutzverantwortlichen in Madagaskar politisch unzulässig, den Schutz der Natur gegenüber der Verbesserung der Lebensumstände vorzuziehen. Es ist deshalb nicht überraschend, dass man in einem so armen Land wie Madagaskar von den Naturschützern erwartet, dass sie ihre Aktivitäten auch unter dem Aspekt der Entwicklung rechtfertigen und bewerten. Es ist aber auch so, dass die entscheidenden Leute genau wissen, dass Madagaskars Artenvielfalt zu seinen grössten ökonomischen Werten zählt. Deshalb ist anerkannt, dass eine Verbesserung der Lebensumstände nicht auf Kosten der einzigartigen Tierwelt erreicht werden soll.

Bei den Naturschützern gibt es eine Tendenz, die Bedürfnisse der Leute, die bei den Schutzzonen wohnen, nur als Gefahren und störende Einflüsse zu betrachten. Dies zu erkennen und anzusprechen, ist Grundlage für die Planung von Naturschutzgebieten weltweit. Nur das Negative einer Tradition zu sehen, die aus der Sicht des Dorfbewohners legitim ist und seiner Familie ein besseres Leben bringt, kann nur zur Polarisation und zur Verhärtung der beiden Standpunkte führen. Nur zu oft können beide Seiten nicht erkennen, dass Naturschutz und Entwicklungsprogramme zwei Seiten derselben Münze sind, nämlich eine ungenügende Bewirtschaftung der natürlichen Ressourcen, gesehen aus zwei verschiedenen Blickwinkeln.

Damit ist nicht gesagt, dass die menschlichen Aktivitäten den Nationalpark nicht bedrohen, oder dass sich Naturschutz und Entwicklungshilfe nicht manchmal gegenseitig beissen, oder dass ein höherer Lebensstandard zwingenderweise zum Naturschutz beiträgt. Trotzdem ist es natürlich, dass das madagassische Volk die gleichen Rechte auf verbesserte Gesundheitsbedingungen und Ausbildung hat, wie die Bevölkerung der weiterentwickelten Länder. Es besteht eine riesige Gleichgültigkeit gegenüber dem Wohlbefinden dieser Leute, die Naturschützer dringend brauchen, um ihre Bedürfnisse abzuschätzen in Bezug auf ihren Einfluss auf die Landschaft, in der sie leben. Die Anerkennung der Bedürfnisse dieser Leute und Respekt vor ihrer Kultur ist Voraussetzung für den Aufbau von gegenseitigem Vertrauen, das entscheidend ist, wenn Parkverantwortliche und Dorfbewohner erfolgreich zusammenarbeiten wollen. Es gilt, die riesigen Probleme im Umgang mit den natürlichen Ressourcen anzugehen, die sowohl den Park als auch die Gemeinden kurz- und langfristig betreffen.

Bild Seite 65: Eine Lösung zur Verhinderung der Konkurrenz durch auswärtige Fischer und zur Verhinderung der Übernutzung könnte sein, die Verantwortung für die Nutzung vom Staat auf die Dorfgemeinschaften zu übertragen.

Die Geschichte von Masoala, Nosy Mangabe und der Bucht von Antongil

Matthew Hatchwell

Es ist unmöglich, das heutige Madagaskar zu verstehen, ohne seine Geschichte zu kennen. Dies gilt nicht nur für den Vorfahrenkult, sondern auch für die Geschichte der kleinen Insel Nosy Mangabe in der Bucht von Antongil, deren Wald sich seit der Ankunft der Menschen vor 1500 Jahren immer wieder neu angepasst hat. Madagaskar ist auch faszinierend, weil Spuren früherer Menschen, wie überall in Afrika, den Landschaftsaspekt ergänzen. Der Archäologe Henry Wright hat geschrieben: «Es ist für die Naturschutzplaner wichtig, zu wissen, ob der Einfluss der Menschen auf den Urwald erst kürzlich erfolgte oder eine lange Geschichte hat. Sind verschiedene beobachtete Aspekte der Artenvielfalt bedingt durch eingeführte, bevorzugte Arten oder wurden andere selektiv aus dem Wald entfernt?»

Die erste Kolonisation Madagaskars erfolgte vermutlich zwischen 500 und 700 nach Christus, als Einwanderer von jenseits des Indischen Ozeans die Insel besiedelten. Die Spuren auf der Insel Nosy Mangabe in der Bucht von Antongil gehören zu den ältesten in Madagaskar. Die archäologischen Grabungen lassen wegen des hohen Grades an Erosion erahnen, dass der menschliche Einfluss vor der Ankunft der Europäer im frühen 16. Jahrhundert viel grösser war als heute. Auf der Basis seiner eigenen und der Untersuchungen von Pierre Vérin 1968 schloss Wright, dass erste Besuche der Menschen auf Nosy Mangabe ins 8. Jahrhundert datieren. Deshalb gehen wir davon aus, dass der menschliche Einfluss auf den dortigen Wald bereits 1200 Jahre andauert. Vielleicht hat gerade der menschliche Einfluss dazu beigetragen, dass wir heute eine so grosse Pflanzenvielfalt auf der Insel haben. Wir müssen aber auch die neuere Geschichte kennen, um zu verstehen, weshalb die Insel von den Verwüstungen verschont wurde, die andernorts in und um die Bucht stattgefunden haben.

Nach der Besiedlung Madagaskars durch Völker indonesischen Ursprungs waren wahrscheinlich die Araber häufige Besucher, bis Marco Polo im 13. Jahrhundert von einer riesigen Insel namens Madagaskar hörte, als er durch den Persischen Golf Richtung Asien fuhr. (Die Legende des Elefantenvogels oder Roch, mit dem er vermutlich den flugunfähigen Aepyornis

Bild Seite 66: An der Ostküste kennt man die Ausleger der Pirogen nicht, die man an der Westküste – wie in Indonesien – so oft sieht.

Der Künstler dieser holländischen Ansicht von 1598 schaut von Nosy Mangabe nach Norden, auf die Mündung des Antainambalana-Flusses, wo heute Maroantsetra liegt. Als Staffage braucht er Korallen und Samen aus dem Regenwald, um noch einige Details darzustellen. Im Hintergrund liegen die Hügel, die heute als Masoala-Makira-Waldkorridor bekannt sind.

Bilder Seite 69:
Die Portugiesen bezeichneten Madagaskar ursprünglich als «Saint Lawrence». Diese holländische Karte von 1598 gibt ein ausgezeichnetes Bild der ursprünglichen Geographie des Landes, besonders auch der Bucht von Antongil.

Die Matrosen des holländischen Schiffs Swarte Leeuw, die 1601 die Bucht von Antongil besuchten, zeichneten eine sehr genaue Karte der Bucht und waren die ersten, die ihre Namen auf dem grossen Fels am holländischen Strand auf Nosy Mangabe einritzten. Trotz des Plans enterte das Schiff beim Verlassen der Bucht einen Fels und musste für einen zusätzlichen Monat zurückkehren, um das Boot zu reparieren.

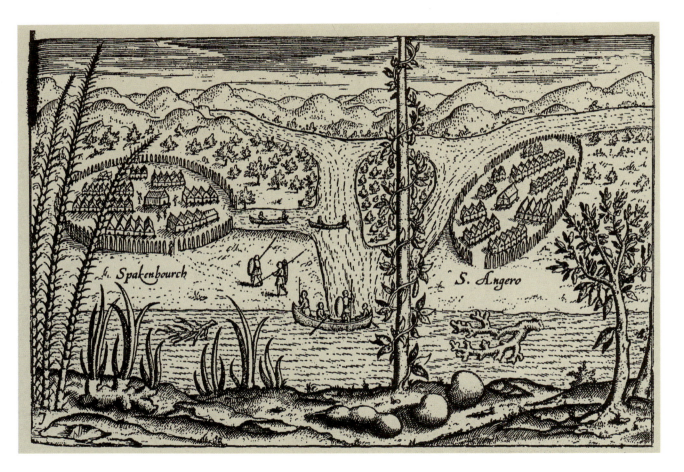

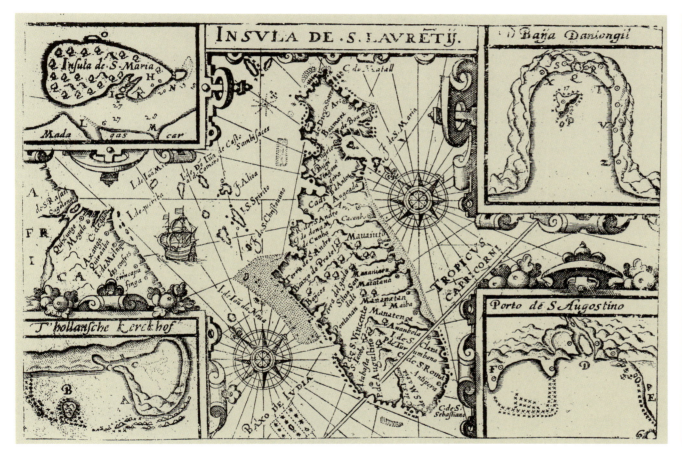
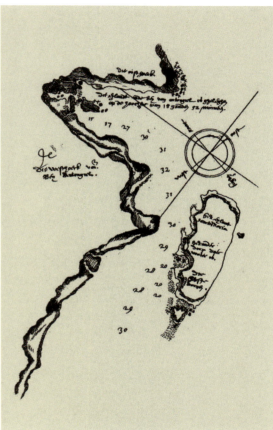

meinte, der erst nach der Ankunft des Menschen in Madagaskar ausgerottet wurde, stammt auch von Marco Polo.)

Madagaskar blieb für die Europäer für mehr als 200 Jahre nach Marco Polos Reise Legende, bis Vasco da Gama den Seeweg rund ums Kap der Guten Hoffnung für die Portugiesen entdeckte und im Jahr 1500 die ersten portugiesischen Schiffe in Madagaskar anlegten. Der erste Besuch der Portugiesen in der Bucht von Antongil datiert auf das Jahr 1503, als Diego Fernandez Peteira Ende des Jahres die Bucht besuchte und im August 1504 wieder verliess. Der moderne Name der Bucht datiert vermutlich von diesem Besuch der Portugiesen, es wird aber auch gesagt, dass er im Zusammenhang steht mit dem Namen Antonio Gonçalvès, der etwas später die Bucht besuchte, um dort Wasser auf sein Boot zu laden.

Während des 16. Jahrhunderts war Madagaskar für die portugiesischen und europäischen Segler nur interessant als Zwischenhalt für die Route zwischen Europa und dem Fernen Osten, die für den Handel von Gewürzen, Porzellan und anderen Gütern genutzt wurde. Es besass weder die Reichtümer der neuen Welt oder des Fernen Ostens noch ein gemässigtes Klima und Landwirtschaftsland, das für die europäischen Siedler attraktiv gewesen wäre. Die Konkurrenz der Händler aus den Niederlanden, Britannien und später auch von Frankreich führte gegen Ende des 16. Jahrhunderts zu vermehrten Besuchen der Bucht von Antongil, insbesondere auf dem Weg zu den indonesischen Gewürzinseln. Von 1595 an gibt es unzählige Aufzeichnungen über europäische Besuche in der Bucht. Bis 1645 waren die Holländer die häufigsten Besucher, anschliessend die Franzosen.

Die eingravierte Inschrift, die Lancasters Mannschaft fand, findet man heute noch am so genannten «Strand der Holländer» zusammen mit Dutzenden von Inschriften, die die holländischen Seefahrer zwischen 1601 und 1657 dort hinterliessen. Viele schauen aus wie Graffitis, was sie vielleicht auch sind. Einige Mitteilungen waren aber wichtig und hatten telegraphische Bedeutung. Sie erzählen von den Abenteuern, die die Seefahrer auf der Reise erlebten. So wird in wenigen Worten vom Schiff «Middelburg» erzählt, das am 10. April 1625 in die Bucht von Antongil kam, seinen Mast verloren hatte und am 25. Oktober 1625 nach Holland zurückfuhr. Man kann sich das Drama des Schiffes im Indischen Ozean vorstellen, das in einem Zyklon seinen Mast verlor, mit Notsegeln knapp den Schutz der ruhigen Gewässer der Bucht erreichte, einen geeigneten Baum fand, fällte, zurechtschnitt, als Mast errichtete und mit Segeln ausrüstete, mit den lokalen Leuten verhandelte oder kämpfte, um während den sechs Monaten genügend Nahrung zu erhalten und dann wieder Segel zum nächsten Ziel zu setzen. Die abenteuerlichsten Geschichten, die man sich vorstellen kann, auch wenn diese in

Ein tödlicher Unfall bei Nosy Mangabe

Am Weihnachtstag 1601 segelten drei britische Schiffe unter dem Kommando von Sir James Lancaster in die Bucht von Antongil und ankerten in den geschützten Gewässern zwischen Nosy Mangabe und dem Festland. Nachdem sie einen «extrem starken Sturm» in den Schiffen über sich ergehen liessen (es war Zyklon-Saison!), begaben sich die Matrosen auf Nosy Mangabe, wo sie die in Stein eingravierte Mitteilung vorfanden, dass «fünf holländische Schiffe dort gewesen waren». Lancaster berichtet, dass die holländischen Schiffe etwa zwei Monate vor ihrer Ankunft weggefahren seien und dass eine Krankheit unter den Männern grassierte, die das Leben von 150–200 Männern forderte, währenddem sie dort ankerten. Die drei britischen Boote ankerten vor Nosy Mangabe und reparierten in dieser Zeit ein kleineres Segelboot («eine Pinasse»), das sie in Teilen mittransportiert hatten. Sie fällten Bäume, «unter denen einige riesig waren und sehr gutes Holz», und sägten daraus Planken für den Rumpf der Pinasse. Aber der Tod suchte auch die britischen Seeleute heim. Als der Körper des Kameraden des Kapitäns von Sir James Lancasters Schiff ans Ufer gerudert wurde, um auf Nosy Mangabe begraben zu werden, ruderte auch der Kapitän der Ascention mit einem Bootsmann auf die Insel, um am Begräbnis teilzunehmen. Der Bericht geht so weiter: «Wie es den Regeln auf See entspricht, schoss der Ordonnanzkanonier drei Salutschüsse, und weil Kugeln drin waren, traf eine den Bootsmann der Ascention und erschlug den Kapitän und des Bootsmannes Kameraden, so dass die, die auf dem Weg zu einem Begräbnis eines anderen waren, selbst beerdigt wurden. Wir setzten die Segel zur Ausfahrt aus der Bucht am sechsten März (1602).»

Die Besucher des holländischen Strandes können immer noch die Inschriften lesen, die die holländischen Matrosen dort viele tausend Meilen von Zuhause vor 400 Jahren hinterliessen.

einem Desaster endeten: Nachdem die «Middelburg» die Bucht von Antongil verlassen hatte, segelte sie nach einem kurzen Halt in Kapstadt, um Post zu verschicken und Güter aufzunehmen, hinaus in den Atlantik und wurde nie mehr gesehen! Andere Mitteilungen am Strand der Holländer enden mit den Worten «Hier leyt een Brief». Die Mannschaften schrieben einander oder ihren Familien zu Hause Briefe und versteckten sie in der Nähe der Felsen, damit sie von den nächsten Schiffen gefunden würden.

Seit dem 17. Jahrhundert hat Madagaskar seinen eigenen Stellenwert und war nicht länger ein angenehmer Ort für Schiffszwischenstopps im Indischen Ozean. 1640 wurde in London ein Buch von Walter Hamond publiziert mit dem Titel «Ein Paradox das beweist, dass die Einwohner der Insel mit dem Namen Madagaskar ... das glücklichste Volk der Welt sind. Mit den wahrscheinlichsten Argumenten für eine hoffnungsvolle und gesunde Besiedlung der Kolonie dort in Beziehung zu einer fruchtbaren Erde und einer guten Luft, etc.» Weil es aber weder Gewürze noch Gold oder übermässig viel Nahrung gab, zeigte es sich, dass die begehrteste Ware der Insel ihre Menschen waren. Sie wurden zum Ziel eines aktiven Sklavenhandels, der die Bucht von Antongil mit den holländischen Kolonien in Mauritius, Südafrika und Südostasien verband.

Es ist erwähnenswert, dass Nosy Mangabe in diesem Vertrag von 1642 als Nosy Be aufgeführt ist. In späteren Dokumenten werden auch die Namen Nosy Marosy und Ile Marotte gebraucht. (In der 1770er Jahren, unter Benyowski, wird sie auch kurz D'Aguillon genannt.) Der Name Nosy Mangabe, der seit der Mitte des 17. Jahrhunderts regelmässig gebraucht wird, ist verwirrend, weil er auf Madagassisch verschiedene Bedeutungen hat. Ganz prosaisch kann sie einfach «kleine blaue Insel» heissen, was die heutige Erklärung ist, aber wenig Sinn macht bei all dem vielen Grün! Es könnte auch heissen «Die Insel der vielen Mangos», was logischer ist, weil noch heute viele Mangobäume im Norden der Insel wachsen. Mangos wurden im Gebiet des Indischen Ozean häufig angepflanzt, um für die Sklaven billige Nahrung zur Verfügung zu haben und «manga» war in Madagaskar ein Wort, das häufig für Sklaven gebraucht wurde. Da der Name Nosy Mangabe offenbar erst nach der Ankunft der Sklavenhändler gebraucht wurde, ist es wahrscheinlich, dass die Wahrheit irgendwo bei diesen letzten beiden Interpretationen zu finden ist.

Seit Mitte des 17. Jahrhunderts wurde Madagaskar nicht mehr nur als Zwischenhalt auf dem Seeweg von und nach dem Fernen Osten, sondern auch als eigenes koloniales Ziel angesehen.

Willem Cornelisz Schouten

Ein Brief, der später in Europa ankam, berichtete, dass zur Zeit, als die lahm gelegte «Middelburg» im Schutz von Nosy Mangabe ankerte, um den zerbrochenen Mast zu flicken, einer der berühmtesten Seefahrer seiner Zeit, Willem Cornelisz Schouten an Bord starb. 1616 war Schouten der erste Europäer, der die südliche Spitze Südamerikas umsegelte, welche er nach seinem Heimatort «Hoorn» in Holland Kap Horn nannte. In einem zeitgenössischen, bekannten Gedicht heisst es, dass sein Körper in einem fremden Land begraben und seine Seele über die Ozeane zu Gott gewandert sei.

Am 8. März 1642 unterschrieb der holländische Gouverneur der nahen Insel Mauritius (wo etwas später in diesem Jahrhundert die letzten Dodos ausgerottet wurden), ein gewisser Adrien van der Stel, einen Vertrag mit dem so genannten König von Antongil, Filohany Bekona. Der Text ist trauriger Zeuge der Methoden, die die ersten europäischen Siedler im Indischen Ozean gebrauchten.

«Seine Majestät Filu Bukom (Filohany Bekona), König von Antongil und die Prinzen von hochgeborenem Blut and nobler Abstammung Seiner Majestät haben Adrien van der Stel, Gouverneur der holländischen Ostindischen Kompanie bei verschiedenen Gelegenheiten inständig ersucht, verschiedene Holländer auf dem Territorium von Antongil auf der Insel Madagaskar, die dieser Unternehmung gehört, zu stationieren.
Der Gouverneur und Seine Majestät vereinbaren deshalb nachfolgend die folgenden Artikel:
Seine Majestät, der König Filu Bukom (Filohany Bekona) als auch die Prinzen des hochgeborenen Blutes und Seiner Majestät Brüder Fulij Bensendik (Filohany Besandoka), Fulij Larifon (Filohany Laherifona), Behanu (Filohany Behana), Filu Billas (Filohany Bilasy) und der Rest Seines Hofstaats erklären, dass sie loyale, rechtmässige und treue Untertanen Ihrer Hoheiten, den Generalstaaten (= Parlament) des freien vereinigten Holland, Seiner Majestät, dem Prinzen von Oranien, und der vereinigten Holländischen Ostindischen Kompanie seien.
Im Folgenden erklärt er sich bereit, das Land von Antongil zu schützen und zu verteidigen im Namen Ihrer Hoheiten, der Generalstaaten eines Freien Holland, Ihrer Majestät, Prinz von Oranien, gegenüber den lokalen Feinden und fremden Angreifern.
Der König erklärt sich bereit, keine Besiedlung der Region durch Franzosen, Engländer, Dänen, Portugiesen, Spanier oder andere Europäer zu dulden, diese hinauszuwerfen, jeglichen Handel mit ihnen zu verbieten und das Land im Namen der Staaten zu schützen.
Der König erklärt sich zudem bereit, weder Sklaven, ob Männer oder Frauen, noch Reis oder andere Waren an jemanden anderen zu verkaufen als an die Mittelsmänner der Holländischen Ostindischen Kompanie.
Kein Untertan Seiner Majestät hat das Recht – wie es in der Vergangenheit geschah – Sklaven zu tauschen, ob Männer oder Frauen, gegen Rinder oder Kleider in andere Regionen des Landes. Die einheimische Bevölkerung muss genügend Nahrung produzieren, um Hunger zu vermeiden und nicht an anderer Stelle um Nahrung nachsuchen zu müssen.
Der Gouverneur erklärt sich bereit, einige Holländer in der Region zu stationieren, die Kleider und andere Waren gegen Sklaven, Reis und Edelsteine tauschen, die eventuell in der Gegend gefunden würden.
Der König muss diesen Holländern Freundschaft beweisen und sie schützen gegen alle Gewalt oder Unbill, in einer Art, dass diese keinen Grund haben sich zu beschweren, wenn die holländischen Schiffe zurückkehren.
Alle Sklaven, ob Männer oder Frauen, die an die Agenten der Kompanie nach der Abfahrt des Gouverneurs verkauft wurden, sollen auf das Risiko des Königs hin auf der Insel Nosbee (Nosy Mangabe) gehalten werden, bis eines oder mehrere Schiffe der Kompanie kommen, um sie abzuholen.
Durch das Setzen der Unterschriften unter diesen Vertrag erklären wir, die Unterschreibenden, die obigen Artikel vollumfänglich einzuhalten und bezeugen die Authentizität und Wahrheit unserer Verpflichtung.
Unterschrieben im holländischen Hafen von Antongil am 8. Tag des März des Jahres 1642 durch Filoha Bescon [Filohany Bekona], Filu Bensendik [Filohany Besandoka], Fulij Laribon [Filohany Laherifona] und Filu Billas [Filohany Bilasy], und durch Adrien van der Stel im Beisein von Joan van Beijen und Jacob Jacobzoon (J. E. Heeres).

Diese holländische Ansicht von 1598 nach Süden in die Bucht von Antongil zeigt nicht nur den König, einen seiner Krieger und eine madagassische Frau, sondern auch ein holländisches Schiff, zwei Pinassen und im Vordergrund ein Chamäleon, das durch die Szene wandert.

Die zwei Holländer, die Adrien van der Stel 1642 auf Nosy Mangabe liess, starben beide, bevor er 1644 zurückkehrte. Ein Jahr später liess er nochmals sieben dort, von denen mehrere starben, bevor die Überlebenden schlussendlich 1647 abgezogen wurden. Trotzdem waren holländische Besuche bis 1660 regelmässig. Es scheint, dass sich über die Jahre immer mehr europäische Segler auf Madagaskar niederliessen. Als zwei französische Schiffe mit den Namen «Taureau» und «Saint Paul» 1665 im Schutz von Nosy Mangabe ankerten, tauchten drei schüchterne Holländer aus zwei Dörfern rund um die Bucht auf (einer wahrscheinlich aus Masoala, wo sie offensichtlich heimisch geworden waren). Ein anderer dort lebender Europäer, ein Franzose, wurde als Übersetzer für die besuchenden Schiffe angestellt. Die drei Holländer unterschrieben als Matrosen auf der «Taureau», und kurze Zeit später segelten die Schiffe weiter, wobei sie 15 Männer zurückliessen, um die Handelsstation Fort Saint Louis zu betreiben.

Immer mehr Europäer verliessen ihre Schiffe, um in Madagaskar zu bleiben. Weil die Handelsstationen keinen Erfolg haben konnten, war es wahrscheinlich unumgänglich, dass sich die Männer nach anderen Einkommensmöglichkeiten umschauten, um sich zu ernähren. In den Jahren nach der Wegfahrt der «Taureau» und der «Saint Paul» 1665 wurde die Ostküste Madagaskars das Zentrum einer anderen, nicht weniger skrupellosen Unternehmergruppe als die der Sklavenhändler: Piraten. Es überrascht nicht, dass andere, rechtmässige Aktivitäten für ein halbes Jahrhundert oder mehr versiegten, als Madagaskar zur Basis einiger der erfolgreichsten Freibeuter wurde, darunter die berüchtigten Kapitäne Kidd, Thomas Tew und Henry Avery.

Innerhalb weniger Jahre hatte Rantabe an der Westküste der Bucht von Antongil den Ruf, der wichtigste Hafen für die Piraten zu sein, die im westlichen Indischen Ozean operierten. In Europa bekannt als Ranter Bay, wurde sie die Basis für Piraten wie James Plantain, der dort um 1720 ein Fort gebaut haben soll. Auch die Insel Sainte Marie etwas mehr im Süden war bei Piraten einschlägig bekannt. 1500 Piraten sollen dort zu dieser Zeit gelebt haben. (Es ist nicht klar, ob der Name Rantabe vom englischen Ranters kommt oder umgekehrt. Die Ranters waren eine Gruppe englischer Radikaler, die um 1650 bekannt und später mit der Piraterie in Verbindung gebracht wurden.) Ein anderer madagassischer Name englischen Ursprungs ist Varingohitra, der prominente Hügel südwestlich des Flughafens von Maroantsetra, der seinen Namen von einem britischen Matrosen bekommen haben soll, als ihm ein System gezeigt wurde, wie die Schiffe mit einem Seil an Land geschleppt wurden, um sie zu reinigen: «Very good!»

Spuren der europäischen Besatzung von Nosy Mangabe

Die Mangobäume im Norden von Nosy Mangabe sind nur ein Zeichen, das von den Europäern im 17. und 18. Jahrhundert stammt.
Ein anderes ist ein Fussweg, der gebaut wurde, um den Strand der Holländer mit einer anderen Bucht im Westen der Insel zu verbinden, wo Kulturen angelegt werden konnten. Steintreppen wurden dort gebaut, wo Sümpfe und steile Partien überwunden werden mussten, die nach einem Regen glitschig geworden waren. Für den Aufstieg wurden Serpentinen so angelegt, dass das madagassische Team von Wegmachern, das diesen Weg zwischen den zwei Buchten neu plante, den grössten Teil des alten Weges nach 300 Jahren wieder fand. Das Team war besonders beeindruckt von der Grösse und Menge der Steine, die eingesetzt worden waren für diesen Weg – sie sind sicher eher von den Sklaven als von den Holländern und Franzosen dorthin gebracht worden. Andere menschliche Spuren, die man aber nicht direkt in diese Zeit zurückdatieren kann, sind Reste von Bewässerungskanälen entlang des südlichen Abhangs zu den Flächen am Meer, die nötig gewesen sind, um die Reisfelder zu bewässern. Der kleine Fluss war sehr sorgfältig zwischen Steinen kanalisiert worden. So konnten die natürlichen Mäander des Flussbettes, das zum Meer führte, eliminiert und die Anbaufläche maximiert werden.
Einen der reizendsten Hinweise auf frühe europäische Aktivitäten machte Graf Benyowski im späten 18. Jahrhundert, der beschreibt, wie «eine Schanze zum Schutz des Botanischen Gartens am Fuss des Berges» auf Nosy Mangabe gebaut wurde. Der Ort kann noch heute besichtigt werden, kaum 100 m nördlich von Antanambazaha an der Westküste der Insel. Wir wissen aber nichts über seinen Zweck.
Heute wird der Ort gerne von den Buschschweinen zum Graben genutzt.

Ein komplettes, mit Steintreppen ausgestattetes Wegnetz zog sich im 17. und 18. Jahrhundert über Nosy Mangabe.

Natürlich waren die Aktivitäten der Piraten nicht auf die Schiffe beschränkt, mit denen sie Beute machten. Ratsimilaho, der Urvater der Betsimisaraka, die noch immer im Nordosten Madagaskars dominieren, war eines von wahrscheinlich Tausenden von Kindern, die von einer Madagassin und einem Europäer stammten. Der Historiker und Diplomat Mervyn Brown glaubt, dass Ratsimilahos Vater ein britischer Pirat mit dem Namen Thomas White war, der genug Geld hinterliess, damit der Sohn nach England geschickt werden konnte, um dort zu studieren. Als er etwa 1712 im Alter von 18 Jahren nach Madagaskar zurückkehrte, etablierte er sich sofort als Führer in der Bucht von Antongil und innerhalb von Monaten eroberte er die Städte Fenerivo und Foulpointe vom Stamm der Tsikoa. Mervyn Brown schreibt in seiner Geschichte Madagaskars, der siegreiche Ratsimilaho sei zum König des nördlichen Volkes gewählt worden, das den Namen Betsimisaraka («die vielen Unzertrennlichen») angenommen habe. Auch er habe seinen Namen geändert, ganz in der Tradition der Machtübernahme der madagassischen Könige. Von da an sei er als Ramaromanompo (der, der herrscht über Viele) bekannt geworden. Nach weiteren Siegen wurde Ramaromanompo kurze Zeit später der Herrscher über die ganze Ostküste von Toamasina im Süden bis nach Antalaha im Norden.

Als der Vertrag von Utrecht 1713 neuen Frieden brachte zwischen Frankreich, Britannien und Holland, bevölkerten noch Tausende von arbeitslosen Matrosen die Piratenschiffe der ganzen Welt. Die militärischen Mittel wurden nun frei, um die Gefahren für den freien Handel zu bekämpfen. Es war klar, dass jetzt auch die Plünderung von privaten Schiffen nicht mehr toleriert werden sollte. In den 1720er Jahren wurde die Piraterie auf Handelsboote im westlichen Indischen Ozean praktisch eliminiert. 1732 war es sicher genug für europäische Handelsleute, um in die Bucht von Antongil zurückzukommen und einen Vertrag mit «Seiner Majestät, Adrian Baba, König der Sakalava» abzuschliessen, um die Insel Nosy Mangabe für die französische Compagnie des Indes zu kaufen. Als Gegenleistung sollte der König die Bevölkerung von der Insel entfernen und bekam zwei Pistolen, einen Polstersessel, zwei mit Leder bezogene Stühle, zwei grosse Spiegel und einige weitere Dinge. Der Vertrag sagt nichts aus über den Zweck des Kaufs von Nosy Mangabe, aber es scheint wahrscheinlich, dass Sklaven für die Zuckerrohrplantagen im nahen Mauritius, die die Franzosen 1715 von den Holländern übernommen hatten, beschafft werden sollten.

Die kaum noch zu erkennende Lilie auf dem Wappen, das auf der Front des grossen Felsens am holländischen Strand auf Nosy Mangabe eingraviert ist, lässt vermuten, dass es aus der Zeit der Besatzung der Insel durch die Compagnie des Indes stammt.

Beweis, dass einzelne Leute für die einen Piraten, für die anderen patriotische Helden sind, ist der bemerkenswerte Bericht von Graf Auguste de Benyowski. Er setzte seinen Fuss erstmals 1772 auf madagassisches Land nach einer abenteuerlichen Fahrt von seinem Heimatland Ungarn über Kamtschatka im Pazifischen Ozean, entlang der Küste des asiatischen Festlandes in einem beschlagnahmten russischen Kriegsschiff nach Macao, durch das südöstliche Asien und über den Indischen Ozean nach Madagaskar. Nach einer kurzen Besichtigung reiste Benyowski weiter nach Frankreich, wo er entgegen der schlechten Erfahrungen, europäische Kolonien in Madagaskar zu etablieren, durch die Vermittlung der Minister Duc d'Aiguillon und Monsieur de Boynes Louis XV. überzeugte, den Aufbau einer neuen französischen Kolonie im heutigen Maroantsetra zu finanzieren. Sie sollte später als Basis dienen, um ganz Madagaskar für Frankreich zu sichern.

Benyowski kam über La Réunion nach Madagaskar zurück und erreichte die Bucht von Antongil am 14. Februar 1774. In den folgenden Monaten gründete er eine Siedlung mit dem Namen Louisbourg auf dem Festland nahe der Mündung des Flusses Amtanambalaina, mit dem Hafen Pot de Bynes und einer Quarantänestation auf Nosy Mangabe, das er neu D'Aiguillon nannte. Benyowski schreibt, er habe auf Nosy Mangabe einen Ofen, ein Spital und später auch einen Leuchtturm gebaut. Seiner Initiative zu verdanken war der Bau einer Strasse von Louisbourg nach Angontsy oder Cap Est. Er nennt kaum Details, ausser dass er die lokalen Chefs überredete, ihm 12 000 Männer für die Ausführung zur Verfügung zu stellen. Von den Einheimischen wurde Benyowski offensichtlich freundlich aufgenommen. Doch dann wurde die Siedlung von der Malaria hart getroffen. Viele Siedler, auch Benyowskis Sohn, wurden dahingerafft. Später brach ein Konflikt mit den benachbarten Madagassen aus, ausgelöst von seiner Frau. Sie hatte sich dazu entschlossen, die traditionelle Praxis der Tötung von Kindern, die mit einer Behinderung oder an einem Tag, der unter einem unglücklichen Stern stand, geboren worden waren, zu bekämpfen.

Benyowskis Bericht, er habe 25 Sklaven gegen 300 000 Pfund Reis ans Kap der Guten Hoffnung verkauft, mag dem Verhältnis zu den Einheimischen auch nicht entgegengekommen sein und zeigt, dass seine Annahme, es sei immer genügend Reis in dieser Region vorhanden, falsch war. Obwohl seine Memoiren eine Art Selbstrechtfertigung waren – sie wur-

Louisbourg in dieser Karte von Chevalier de la Serre 1776 lag vermutlich auf der Landspitze südlich des heutigen Hafens von Maroantsetra.

den erstmals 1783 veröffentlicht, nachdem er Louisbourg verlassen hatte und nach Europa zurückgekehrt war –, beinhalten sie viele Details, die noch heute wahr erscheinen. So schreibt er, er habe Aussenposten in «Foul Point, Massoualla, Mananhar, Tamatava, und Angontzi» aufgebaut, alles Orte, die noch heute identifizierbar sind. 1863 zeigte man dem Franzosen Coignet einen drei Meter breiten Weg mit dem Namen «la Route de Benyowski», der südlich von Antalaha ins Landesinnere führte. Einem anderen französischen Reisenden, Captain Alard, der 1883 von Antalaha nach Maroantsetra wanderte, zeigte man einen Stein mit eingravierten Daten und Namen von Europäern aus den frühen 1770er Jahren an einem Ort im Innern der Halbinsel, der genau auf die Beschreibung Benyowskis zutrifft, in der er eine zweite Siedlung beschreibt, die er als Kurort aufbaute, um den ungesunden Lebensbedingungen der Küste zu entfliehen.

1776 wurde klar, dass auch sein Versuch einer Kolonisation gescheitert war. Benyowski wurde in aller Schärfe nach Paris zurückbeordert. Nach einem Zusammentreffen mit Benjamin Franklin, dem Vertreter der amerikanischen Revolutionäre in Frankreich, gingen seine Abenteuer weiter. Er bekam eine untergeordnete Rolle im amerikanischen Unabhängigkeitskrieg. Zehn Jahre später erhielt er die Unterstützung der Amerikaner beim Aufbau einer Handelsstation in Angontsy (Cap Est), wo er in einer unglücklichen, aber nicht unvorhersehbaren Auseinandersetzung mit französischen Soldaten getötet wurde, nachdem er der Piraterie angeklagt worden war. Die vier Kanonen, die Benyowski bei sich hatte in Angontsy, wurden kürzlich wieder entdeckt und können heute in Antalaha besichtigt werden. Seine Nachkommen haben sein Grab restauriert, und er wurde so etwas wie ein Held in seinem Heimatland Ungarn.

Natürlich ist die Geschichte der einheimischen Madagassen in der Region der Bucht von Antongil des 16., 17. und 18. Jahrhunderts schlechter dokumentiert als die kurzen europäischen Besuche. Die europäischen Aufzeichnungen aus dieser Zeit erwähnen selten mehr als die Namen einiger Orte, die mit modernen Städten assoziiert werden können, oder die Namen von lokalen Führern. Häufig sind Erwähnungen von Konflikten zwischen den Volksgruppen, die vermutlich noch geschürt wurden durch die Nachfrage der Europäer nach Nahrung für ihre Schiffsmannschaften, Sklaven für ihre Kolonien und die Einführung von Schusswaffen.

Ein roter Faden zieht sich durch die fremden und lokalen Aufzeichnungen des 18. und 19. Jahrhunderts. Es ist der grosse Einfluss des Zafirabay Clans auf die Region um Maroantsetra, dessen Ursprung in der Sakalava Region im Nordwesten Madagaskars liegt. Sie wurden durch die grossen und gut bewässerten Ebenen nördlich der Bucht von Antongil angezogen, die hohen Reisertrag versprachen. Die Zafirabay waren nicht gerade erleuchtete Herrscher, vielleicht auch wegen des europäischen Einflusses von aussen. So kommen beispielsweise die Leute von Ambodilaitry am südlichen Ende der Masoala Halbinsel immer noch ungern nach Maroantsetra, weil sie glauben, dass sie von den dortigen Einwohnern den Krokodilen verfüttert würden. In Tat und Wahrheit ist bekannt, dass die Zafirabay Sklaven anderer ethnischer Gruppen im 18. Jahrhundert an die Krokodile verfüttert hatten. Aussenstehenden gelang es nicht, die verschiedenen Gruppen von Betsimisaraka zu unterscheiden, und so waren sie in dieser Zeit bis zu den Komoren oder Mosambik gefürchtet wegen ihrer grossen Sklavenfeldzüge mit ihren meergängigen Einbäumen. Die Betsimisaraka werden bis heute von den Sakalava gemieden und als «Frauendiebe» bezeichnet.

Ende des 18. Jahrhunderts vereinigte sich die Region des zentralen Hochplateaus, Imerina, unter dem König Andrianampoinimerina. Zwischen 1816 und seinem Tod 1828 gelang es Andrianampoinimerina's Sohn, Radam I., mit dem Volk der Merina den grössten Teil der Insel unter Kontrolle zu bringen, eingeschlossen den ganzen nordöstlichen Teil. Der Name Maroantsetra («der Platz der vielen Speere») soll aus dieser Zeit stammen. Ein Erinnerungsstein auf dem Pass zwischen Maronatsetra und Antalaha zeugt vom Marsch der Armee Radamas I. 1819 über die Berge Masoalas ebenso wie der Ort Ambatoledama (eine Abwandlung von «Radama's Stein»). Nördlich von Maroantsetra in der Nähe des heutigen Flugplatzes und südlich von Antalaha bei Angontsy/Cap Est errichteten die Merina Garnisonen und herrschten über die Einheimischen wie Herren über Sklaven. Aufzeichnungen der Franzosen Coignet und Allard, die die Region 1863 und 1883 besuchten, hielten fest, dass das Merina Regime sehr hart war und beispielsweise den Betsimisaraka nicht erlaubte, sich auf die andere Seite Masoalas zu begeben. Der Unmut über diese repressive Herrschaft ist noch heute vorhanden.

Im 19. Jahrhundert begann man das ökonomische Potential der Masoala Region zu realisieren. Als die Franzosen 1896 die Macht ergriffen, waren bereits kommerzielle Holzfällertruppen auf Masoala aktiv, und die Halbinsel war als Quelle für Latex für die Gummiproduktion bekannt. Der Wald im Hinterland von Cap Est wurde zuerst gefällt, eine Folge der Konzession, die die Merina Regierung an M. Maigrot 1887 erteilte. Maigrot's 10-Jahres-Konzession erstreckte sich über die ganze Masoala Halbinsel. Sein Hauptinteresse galt der Angontsy/Cap Est-Gegend, aber nach Berichten der französischen Administration baute er kleinere Basen an der Küste rund um die Halbinsel auf, die speziell genutzt wurden, um Eben-, Rosen- und Palisanderholz auszubeuten. Ein verzweifelter Bericht von 1898 eines französischen Försters, der in Maroantsetra lebte, Chapotte, spricht auch das Problem des *tavy* an, das die heutigen

Eines der ersten kolonialen Sägewerke auf der Küstenebene bei Antalavia wurde mit Wasserrädern betrieben. Das Wasser wurde über diese Eisenröhren zugeführt.

Naturschutzverantwortlichen nur allzu gut kennen.

Der kommerzielle Holzschlag wurde unter französischer Administration fortgesetzt, besonders auf den küstennahen Flächen südlich des Cap Tampolo, die um 1930 vermutlich kahl gerodet worden sind. Sägewerke wurden am nördlichen und südlichen Ende des Gebietes gebaut. Bis heute sind Spuren der Eisenbahn sichtbar, die die beiden Werke verband und als Stumpengleise ins Innere der Halbinsel führte. Das Holz wurde aus dem Hafen Port Salvador, der in der sandigen Bucht südlich des Cap Tampolo angelegt worden war, verladen und nach Toamasina gebracht. Die Fundamente der kolonialen Häuser beim Hafen sind immer noch sichtbar neben den Zimtbäumen, die nun das Land überziehen.

Vor der Einführung der Gummi-Plantagen in Westafrika in den 1920er Jahren und dann nochmals während des 2. Weltkriegs war der Ertrag von natürlichem Latex von grossen Wäldern wie demjenigen auf Masoala ein wichtiger Rohstoff für die Franzosen und eine Einnahme, mit der die kolonialen Aufwendungen abgegolten werden konnten. Besonders gesucht war die Liane *Landolphia madagascariensis*. Mit der Einführung von Vanille um 1900 wurde auch der Nordosten eine der ökonomisch wichtigsten Regionen für die französische Kolonie. Im 19. Jahrhundert waren auch andere Weisse in die Bucht von Antongil gekommen, um die marinen Ressourcen auszubeuten. Die Bucht wurde ein wichtiges Ziel für amerikanische Walfängerboote, die erkannten, dass die Bucht ein Ort war, an dem die Buckelwale ihre Jungen zur Welt brachten. Wie die Europäer schon früher, berichteten die Amerikaner von den madagassischen Waljägern, die in ihren Einbäumen die Mutter-Kind-

Paare angriffen, die im seichten Wasser in der Bucht am häufigsten anzutreffen waren. Walfänger berichteten auch von den vielen Haien in der Bucht, was hiess, dass die harpunierten Wale oft von den Haien gefressen waren, noch bevor sie zum Mutterschiff gezogen und verarbeitet werden konnten.

Es bleibt noch zu untersuchen, wie Nosy Mangabe im 19. und frühen 20. Jahrhundert genutzt wurde. Der relativ gross gewachsene Sekundärwald und das Ausbleiben von jüngeren Sedimenten an den Grabungsstellen deuten darauf hin, dass nie mehr eine grosse Anzahl von Menschen auf der Insel lebte, seit Benyowski vor 230 Jahren dort war. Als die französischen Kolonialverwalter um 1900 nach Maroantsetra kamen, richteten sie sich kleine Kabinen als Weekendhäuschen auf der Insel ein. Schon um 1920, als man vermutlich die schwarz-weissen Varis dort eingesetzt hatte, wurde die Insel als eine Art Naturreservat behandelt. Den formellen Status bekam sie schliesslich 1966 dank den Bemühungen von Henri Pereiras und anderen, die im selben Jahr auch für die Aussetzung von sechs Aye-ayes verantwortlich zeichneten, welche sich gut vermehrten. Die Doktorarbeit von Eleanor Sterling wurde eine wichtige Quelle in Bezug auf alles, was wir heute über diese sehr speziellen Lemuren wissen.

Wie gross auch immer der Einfluss des Menschen auf den madagassischen Wald seit etwa 1500 Jahren war, eine merkwürdige und unerwartete Lehre, die wir aus Masoala und Nosy Mangabe ziehen können, besteht darin, dass sich der Wald, wenn er eine Chance dazu erhält, recht gut vom Holzschlag erholen kann. Dies ist sogar der Fall, wenn er wie auf Nosy Mangabe kahlgerodet wurde. Dort haben die verschiedenen Einflüsse auf die Vegetation dazu geführt, dass wir heute eine der reichsten Inselfloren der Welt nachweisen können. Sonst allerdings verschwindet der Wald ausserhalb des Nationalparks sehr schnell. Und wie an anderer Stelle in diesem Buch erwähnt, sind Masoalas Wälder immer wieder den regelmässigen Zyklonen mit katastrophalen Folgen ausgesetzt. Diese können in wenigen Stunden mehr Schäden anrichten als Menschen in vielen Jahren. Während allerdings die Zerstörungen durch die Zyklone Teil eines natürlichen Zyklus sind und zu einer schnel-

Europäische Seefahrer am Ende des 16. Jahrhunderts beschreiben eine grosse Vielfalt der marinen Tierwelt, viele Meeresvögel, fliegende Fische, Thunfische, Seebrachsen und Wale. Diese Schiffe segelten zu den Gewürzinseln, die wir heute als Indonesien kennen.

Die Bäche von Nosy Mangabe waren wichtig für die frühen europäischen Segelschiffe, und sind immer noch eine gute Frischwasserquelle.

len Massenregeneration führen, wie sie in Masoala seit dem Zyklon Hudah im Jahr 2000 beobachtet werden kann, führt die menschliche Verminderung meistens zu einer totalen Zerstörung und ist kurz oder mittelfristig irreversibel. Trotzdem, das Beispiel der natürlichen Regeneration auf Masoala und Nosy Mangabe zeigt, dass sich der Wald erholen kann, wenn die Bedingungen gut sind: Eingriffsumfang und -ort müssen so gering sein, damit eine natürliche Regeneration möglich ist, die Gesetze müssen durchgesetzt und beachtet werden, die menschliche Bevölkerung muss stabil bleiben, die Einheimischen müssen in der Lage sein, ihren Lebensunterhalt auch mit etwas zusätzlichem als der Nutzung der natürlichen Ressourcen zu verdienen. Die Leute, die den kurzfristigen Preis bezahlen (in Form verpasster Möglichkeiten) und in der Nähe des Parks leben wollen, müssen die Vorteile eines besseren Managements spüren. Dies sind einige der Herausforderungen, denen sich die Naturschutzverantwortlichen zu stellen haben.

Der Masoala Nationalpark entsteht

Matthew Hatchwell

Seit die ersten Menschen in Madagaskar lebten, ist der wichtigste Faktor für das Überleben des Regenwaldes der Halbinsel Masoala die rauhe Landschaft. Bis heute verhindern die steilen Hänge, der dichte Wald, die grossen Regenmengen und die häufigen Überschwemmungen eine menschliche Besiedlung. Es gibt keine Strassen in der Region, und auch die Fusswege werden bei schlechtem Wetter zu Schlammpfaden oder werden ganz weggewaschen. Zusätzlich bedeutet die reiche Meeresfauna eine kontinuierliche Nahrungs- und Einkommensquelle für die kleinen Siedlungen entlang der Küste, die das Inland noch uninteressanter werden lassen.

Wie wir wissen, bekam der Franzose Maigrot 1887 eine ausgedehnte Holzabbaukonzession für Masoala. Der Forstverantwortliche in Maroantsetra, Chapotte, bemerkte einige Jahre später, der Grund, dass Maigrot so wenig Holz geschlagen hätte, seien seine ausserordentlichen Schwierigkeiten gewesen, das Holz zu transportieren. Als die Franzosen 1896 an die Macht kamen, versuchten sie dies zu ändern und initiierten ein gewaltiges nationales Bauprogramm, das sie mit madagassischen Zwangsarbeitern umsetzen wollten. In Masoala führte dies zu einer massiven Erweiterung der Infrastruktureinrichtungen auf der Ostseite der Halbinsel und indirekt zu einer schnell wachsenden Bevölkerung. Zur Erleichterung der Schiffsnavigation wurden Leuchttürme bei Angontsy in der Nähe von Cap Est, in Ambodilaitry in der Nähe Cap Masoalas und auf Nosy Mangabe errichtet. Überdies wurden Wälder gerodet, um eine Strasse zu bauen, die es ermöglichte, von Antalaha bis ganz in den Süden der Halbinsel nach Vinanivao zu fahren. Später wurde gerodet, um eine Fluglandepiste bei Ampanavoana zu bauen. Das Ziel der Strasse und der Häfen in Antalaha, Maroantsetra und Cap Est war es, Vanille zu exportieren, das zu Beginn des 20. Jahrhunderts von den Franzosen eingeführt und eine wichtige Einkommensquelle für die Bevölkerung wurde.

Bereits in der Mitte der 20er Jahre gab es aber Botaniker und andere Forscher in der Kolonie der französischen Abenteurer, die bei der wissenschaftlichen Aufnahme des Territoriums den einzigartigen Reichtum und Wert von Madagaskars Flora und Fauna im Allgemeinen und denjenigen auf der Halbinsel Masoala im Besonderen erkannten. 1927 wurden die ersten Natur-

Bild Seite 84: An den meisten Orten entlang der Westküste der Halbinsel kann man fast nur mit einer Piroge landen.

schutzreservate gegründet, darunter auch die 27 682 Hektar grosse Réserve Naturelle Intégrale de Masoala im Tieflandregenwald beim Iagnobe-Fluss etwas landeinwärts von Cap Est.

Bedrohungsfaktoren gestern und heute
Die erste Konzession zur forstwirtschaftlichen Nutzung Masoalas geht zurück auf den Merina-Premierminister Rainilaiarivony am Ende des 19. Jahrhunderts. Parallel dazu wuchs die Gummiproduktion, die schon vor der Ankunft der Franzosen weit verbreitet war. Auch die Kolonialverwaltung sah im Wald Masoala eine Ressource, die genutzt werden konnte. Ende der 20er Jahre des 20. Jahrhunderts wurde zwischen Antalavia und Cap Tampolo an der Westküste Masoalas ein grosses Holzfällercamp aufgebaut. Während der 30er Jahre wurde das Gebiet weitgehend abgeholzt. Der Jungwald, der heute dort zu sehen ist, ist durch natürliche Regeneration seither entstanden.
Nach der Unabhängigkeit 1960 sah die Regierung eine der Möglichkeiten in der Weiterführung der Ausbeutung natürlicher Ressourcen, die die Franzosen gestartet hatten. Das Reservat Masoala wurde 1964 aus dem Schutz entlassen und 1967 als Konzession einer Holzgesellschaft namens Grands Moulins de Dakar verkauft, die eine grosse Basis bei Cap Est aufbaute. Als Grands Moulins 1970 wegzog, waren die küstennahen Wälder weiter geschwunden. Als Ende der 80er Jahre die ersten Naturschutzanstrengungen unternommen wurden, waren vom ursprünglichen Küstenwald gerade noch drei kleine Stücke vorhanden, die 1997 als Enklaven in den Nationalpark integriert wurden, deren Überleben wegen menschlicher Einflüsse und wegen der Zyklone fraglich bleibt.
Als das Masoala Projekt 1993 iniiziert wurde, lebten mindestens 45 000 Leute entlang der Küsten der Halbinsel und der Flüsse bis weit hinauf in die zentralen Waldteile (eine neue Schätzung spricht von 85 000 Bewohnern). Wald, der bis dahin intakt geblieben war, wurde zerstückelt und systematisch zerstört. Die Brandrodungs-Landwirtschaft (*Tavy*) kombiniert mit der wachsenden Bevölkerung führte dazu, dass die Dorfbewohner immer mehr Land roden mussten, um soviel Reis zu produzieren, dass sie überleben konnten. Ein neues Gesundheitssystem erhöht die Lebenserwartung, verringert die Kindersterblichkeit und erhöht das Bevölkerungswachstum. Die lokale Ökonomie basiert dabei fast ganz auf der Nutzung natürlicher Ressourcen mit dem Ergebnis, dass die Bevölkerung kaum Möglichkeiten hat, die Einkommen aus der Vanille-Produktion mit anderen Erwerbsquellen zu kompensieren. Traditionell war das Geld immer dann am besten investiert, wenn neues Land für den Reisanbau gewonnen wurde. Die Konkurrenz durch auswärtige und industriell arbeitende Fischer in der

Forscher des Missouri Botanical Garden untersuchen den Einfluss des Zyklons Hudah auf den Wald Masoalas.

Zyklone

Zyklone gehören nicht nur zum Leben der Bewohner, sondern auch der Tiere und Pflanzen von Ost-Madagaskar. Man schätzt, dass jeder Punkt an der Ostküste Madagaskars alle 25–30 Jahre oder einmal in einer Generation getroffen wird. Dazu kommen die jährlichen tropischen Stürme mit einer lokal ähnlich zerstörerischen Wirkung. Genau wie die lokale Bevölkerung, die Strategien entwickelt hat, mit der periodischen Zerstörung ihrer Felder und Häuser durch die Stürme umzugehen, hat sich auch der Wald über die Tausenden von Jahren so entwickelt, dass er diese regelmässigen Zerstörungen überleben kann.
Der Zyklon Hudah, der in der Nacht vom 2. April 2000 den nördlichen Teil der Halbinsel heimsuchte, war der stärkste Sturm seit mehr als 40 Jahren. Fast alle Dörfer, die im Bereich des durchziehenden Zyklons lagen, wurden vollständig zerstört, entweder durch den Wind oder durch die Fluten der reissenden Flüsse, die über die Ufer traten. Das Hotel auf Cap Est, beliebter Ausgangspunkt für Ökotouristen, wurde dem Erdboden gleichgemacht. Wenn auch kaum Leute starben, waren die Lebensgrundlagen der Einwohner doch fast vollständig zerstört. Reisvorräte und Reiskulturen waren verloren, die Felder verschüttet mit Tausenden von Tonnen erodierter Erde, und die meisten materiellen Besitztümer verloren oder kaputt. Im Nationalpark ging die Population der Roten Varis um 50% zurück, und etwa die Hälfte der Bäume überlebte nicht. Die Bäume auf der dem Wind ausgesetzten Seite hatten keine Blätter, Blüten oder Früchte mehr, dies mit dem Resultat, dass die Lemuren und sogar die Bienen auf der Suche nach Futter in die Dörfer kamen. Viele Lemuren wurden dadurch zur Nahrung der hungrigen Dorfbewohner. Der besorgte Hotelier in Cap Est hatte daraufhin den Bienen Zuckerwasser bereitgestellt, um die Zeit zu überbrücken, bis der Wald wieder blühte. Und wie er das tat! In den folgenden Wochen sahen die Mitarbeiter des Nationalparks viele Pflanzen blühen und Früchte tragen, die sie noch nie so gesehen hatten. Die Luft war voll von Schmetterlingen, angezogen von den Blüten und dem starken Wachstum nach dem Sturm. Untersuchungen des Missouri Botanical Garden über die langfristigen Einflüsse der Zyklone auf den Wald zeigen, dass einige Arten die Zyklone besser überleben als andere, so auch die Eben- und Rosenhölzer, was erklären mag, weshalb diese auf der exponierten Ostseite Masoalas häufiger anzutreffen sind als auf der Westseite. Andere Arten haben vermutlich Fortpflanzungsstrategien entwickelt, die auf die Zyklone angewiesen sind, um massenhaft Früchte zu produzieren, gleich wie die Samen der amerikanischen Redwood Bäume für das Keimen der Samen auf das Feuer angewiesen sind.

Bild Seite 89:
Ein Wirbelsturm zieht gegen die Ostküste Masoalas.

Die Parkbewirtschaftung mit der WCS und die internationale Partnerschaft mit dem Zoo Zürich

Weil Masoala für die Erhaltung der Natur unter den geschützten Gebieten Madagaskars so wichtig ist, will die ANGAP die internationale Zusammenarbeit weiter fördern und so die Zukunft des Parks sichern. Seit April 2000 arbeitet die ANGAP für die Bewirtschaftung des Parks mit der amerikanischen Naturschutzorganisation WCS zusammen. WCS unterstützt die Mitarbeiter des Masoala Nationalparks finanziell und technisch. Wichtige Komponenten dieser Partnerschaft sind Investitionen in Aktivitäten und die Infrastruktur, um sicherzustellen, dass Masoala ein gutes Managementsystem bekommt und sich auch langfristig finanzieren kann. Seit die Einsprachen gegen den Masoala Regenwald in Zürich beseitigt waren, vertrat WCS die Interessen des Zoo Zürich in Madagaskar und wird sicherstellen, dass die im Zoo gesammelten Gelder im Park gezielt und sinnvoll eingesetzt werden.
Der Masoala Regenwald soll eine grosse Attraktion in der

Bild Seite 90: Die massiven Regenfälle in Masoala speisen die unzähligen Bäche und Flüsse. In der Saison der Zyklone werden diese ruhigen Gewässer zu reissenden Flüssen und können nicht mehr überquert werden.

Bucht verstärkte die Tendenz der Einheimischen, immer weiter den Flüssen nach ins Innere der Halbinsel vorzustossen. Dazu kam die internationale Nachfrage nach Eben- und Rosenholz, wertvolle Güter, die man ohne grossen Arbeitsauswand und ohne Strafen einfach aus dem Wald holen konnte.

Die Folgen dieser Szenarien sind bei der Anreise über die Halbinsel mit Landung in Antalaha deutlich sichtbar. Im Sinkflug lässt man die dichten Wolken über dem zentralen gebirgigen Teil des Nationalparks hinter sich. Darunter steht noch der dichte Regenwald, soweit das Auge reicht. Hat man Glück, sieht man den gewaltigen Bevontsira Wasserfall durch eine Wolkenlücke, einen weissen Strich auf der rauhen grünen Oberfläche. Nähert sich das Flugzeug der Parkgrenze, beginnt man die Sonnenreflexe der Reisfelder in den Tälern zu erkennen, die immer grössere Lücken in den ehemals flächendeckenden Wald reissen. Abseits der grossen Täler, auf dem Land kaum zu erkennen, erscheinen isolierte *Tavy*-Flächen gegen die Parkgrenze hin in immer grösserer Zahl. Wenn vorerst nur jahreszeitlich bewohnte Siedlungen ganzjährig bewohnt werden, werden die einzelnen Waldbezirke immer mehr voneinander getrennt und sind nur noch durch die hintersten Partien, die zu abgelegen oder zu rauh für Siedlungen sind, miteinander verbunden. Vom Flugzeug aus sieht man, wie die Dorfbewohner die Hänge roden, wenn kein flaches Land mehr für Reisfelder zur Verfügung steht. Die durch den intensiven Regen erodierten Runsen sowie Hangrutsche und die nackten Hänge kontrastieren mit den einst vollständig bewaldeten Hügeln. Fliegt man nach Norden über die Parkgrenze hinaus, werden die Waldstücke immer kleiner und sind immer häufiger völlig voneinander isoliert. Erkennt man dann beim Anflug auf Antalaha bereits das tiefe Blau des Indischen Ozeans mit den langen Sandstränden, ist die darunter liegende Landschaft praktisch nackt; nur noch an den steilsten Stellen sind Flecken von Wald erkennbar. Nur einzelne Bäume, die die Rodung überlebt haben, ragen noch in den Himmel.

Dieses komplexe Gebiet mit unterschiedlicher Landnutzung, von den Primärwäldern des Nationalparks bis zu den erodierten und nährstofflosen Hügeln darum herum, dies ist das Masoala von heute und der Ort, an dem sich seit 1989 die Naturschutzbemühungen entfalten.

Erste Naturschutzaktivitäten in Masoala

Der Missouri Botanical Garden als Partner des Ministeriums für Wald und Wasser und von SAFAFI, einer madagassischen protestantischen Entwicklungshilfeorganisation, startete 1989 den ersten Versuch, sich mit Unterstützung der United States Agency for International Deve-

Schweiz werden, die den Besuchern ein ausgezeichnetes Bild Madagaskars und seines Kampfes um die Erhaltung eines des artenreichsten Regenwaldes der Welt vermittelt. Der Zoo Zürich zählt beim Aufbau auf die Hilfe der madagassischen Behörden und des madagassischen Volkes und unterstützt im Gegenzug die Naturschutzanstrengungen in der Masoala Region.
Die Eröffnung des Masoala Regenwaldes im Zoo Zürich am 29. Juni 2003 war ein Meilenstein für die Zukunft Masoalas und den Naturschutz in Madagaskar. Sie festigte durch die Einbindung des Zoos die bestehende internationale Partnerschaft und ist notwendig, um die Zukunft einer der letzten grossen Wildnisse der Welt zu sichern.

Rajaonarison Robert, Direktor des Nationalparks Masoala

Der Bevontsira Wasserfall im Nordosten des Nationalparks lädt zu einem willkommenen und dramatisch wirkenden kleinen Umweg auf dem Treck von Maroantsetra nach Cap Est.

lopment (USAID) des Managements der bedrohten Gebiete anzunehmen. Dieses erste Masoala Projekt begann mit Forschungen zu einzelnen Pflanzengemeinschaften der Halbinsel, die bis heute andauern, und ersten Versuchen, die ländliche Entwicklung mit verschiedenen Naturschutzaktivitäten zur Errichtung eines etwa 300 000 Hektar grossen Nationalparks zu verbinden.

Unter der Leitung des Missouri Botanical Garden entstand 1992 ein Konsortium mit CARE International, der Wildlife Conservation Society, dem Peregrine Fund, der eben neu gegründeten Nationalparkverwaltung ANGAP und wieder mit dem Ministerium für Wald und Wasser. Sie reichten ein ehrgeiziges integriertes Naturschutz- und Entwicklungs-Projekt bei USAID ein. CARE kümmerte sich um die Entwicklungsbedürfnisse der Bevölkerung, die der Küste entlang wohnte, die Wildlife Conservation Society arbeitete mit der technischen Unterstützung des Peregrine Fund für das Vogelinventar und dessen ökologische Überwachung in enger Zusammenarbeit mit ANGAP und dem MEF, um einen Nationalpark zu gründen.

Ende 1993 wurden das Hauptquartier des Masoala Projektes in Antalaha eingerichtet und mehr als 100 Madagassen eingestellt, um die Infrastruktur aufzubauen, die dieses ehrgeizige Projekt bezüglich der Naturschutz- und Entwicklungsaufgaben brauchte, um auf einer Fläche mit minimalster Infrastuktur von 4500 km² und einer geschätzten Bevölkerung von 45 000, die fast ausschliesslich von den natürlichen Ressourcen lebte, tätig zu werden. Eine zweite Projektbasis wurde in Maroantsetra eingerichtet, Mitarbeiter in den Dörfern rund um den Nationalpark platziert und eine kleine Schiffsflotte aufgebaut, um operativ zu werden. Ein grosser Teil der Projekte wurde von CARE übernommen, während die Naturschutzaktivitäten an WCS und ihre Partner delegiert wurden.

Die Aktivitäten des Integrierten Naturschutz- und Entwicklungsprojektes
Die Regierungsverwaltung war in den drei Jahrzehnten seit der Unabhängigkeit sehr unbefriedigend und verschlechterte sich zunehmend in den 15 Jahren des sowjetisch geprägten Sozialismus, der bis ins Jahr 1992 dauerte. Die Bevölkerung und ihre lokalen Politiker erwarteten, dass im Speziellen CARE, als Entwicklungshilfeorganisation, eine Rolle einnimmt, die in den meisten Ländern nur die Regierung wahrnehmen kann. Sie erwarteten nicht nur, dass CARE die Funktionen ausübt, für die sich CARE einverstanden erklärt hatte, wie zu Beispiel den Ertrag der Nass- und Hügelreisfelder zu verbessern, die Überfischung der Riffe und Lagunen zu verhindern, Bienen- und Fischzucht einzuführen, die Wälder ausserhalb des Nationalparks schonend zu bewirtschaften, sondern sie erwarteten auch den Bau von

Oben rechts: Die Dorfbewohner von Sahafary brauchen Geld aus dem Projekt des Gemeinschaftswaldes, um eine neue Schule zu bauen.

Unten rechts: Die Führer im Nationalpark Masoala haben verschiedene Aufgaben. Sie müssen auch kochen lernen.

Oben links: Hier werden Samen aussortiert für das Masoala Projekt in der Pflanzschule des Zoo Zürich in Antanambao.

Unten links: CARE International motivierte die Bevölkerung der Halbinsel, ihre Kulturen zu diversifizieren. Dies half insbesondere mit, der Nachfrage der Einheimischen nach frischem Gemüse nachzukommen.

Die internationale Nachfrage nach nachhaltig produzierten madagassischen Schmetterlingen ist gross. Besonders begehrt ist der Uraniafalter (*Chrysiridia ripheus*).

Die Hauptkriterien, die von Claire Kremen und ihren Mitarbeitern festgelegt wurden, um den Park zu gestalten, waren die folgenden:

1. Das grösstmögliche zusammenhängende Gebiet natürlicher Habitate soll geschützt werden.
2. Das Gebiet, das geschützt werden soll, sollte vorwiegend aus Primärwald oder relativ ungestörten Gebieten bestehen.
3. Das geschützte Gebiet soll mehrere repräsentative Beispiele der existierenden Habitattypen enthalten und ein breites Spektrum an dort vorkommenden Umwelteinflüssen.
4. Korridore, die verschiedene Habitate verbinden, sollen geschützt werden. Sie sollen breit genug sein, um den Tieren ein ungehindertes Passieren zu ermöglichen, oder Zonen enthalten, die man wieder aktiv aufforsten kann.
5. Spezielle Beachtung sollen seltene oder bedrohte Habitate, bedrohte und lokal endemische Arten erhalten, besonders solche, die anderswo in Madagaskar nicht geschützt werden.
6. Besteht die Wahl zwischen zwei verschiedenen Gebieten, soll dasjenige ausgewählt werden, das ein Maximum an Arten beherbergt, die es sonst im Park nicht gibt.
7. Die Parkgrenzen sollen so klar wie möglich gezogen werden, um Grenzabschnitte so kurz wie möglich zu halten.
8. Menschliche Siedlungen dürfen im Park keine existieren (wird im

madagassischen Gesetz so vorgeschrieben).
9. Wenn immer möglich sollen Parkgrenzen ausserhalb von kultiviertem Land und traditionellen Abholzungszonen liegen, mit Raum für eine Erweiterung derselben.
10. Wald-Pufferzonen ausserhalb des Parks müssen gross genug sein, um der Bevölkerung ein Auskommen und die Ernte von Produkten aus dem Wald für ihre engsten Bedürfnisse zu ermöglichen.
11. Die Quellregionen der Flüsse sollen in den Park integriert werden.
12. Die Grenzen sollen einfach zu erkennen und zu respektieren sein und wenn immer möglich geographisch natürlichen Grenzen folgen.
13. An verschiedenen Orten soll für den Ökotourismus und die Patrouillen ein einfacher Zugang zum Park möglich sein.

Schulen und Spitälern, Gemeinschaftszentren, Strassen und Brücken, sowie die Ausbildung von Lehrern und Ärzten.

Zwischen 1993 und 2000 leitete CARE unter der Führung von Remko Vonk und John Veerkamp und später von Lisa Dean ein Entwicklungshilfeprogramm unter dem klassischen Motto: «Es ist gut, einen Fisch zu geben, aber noch besser, den Mann zu lehren, wie man fischt.» Der langfristige Ansatz des Projekts, zusammen mit dem grossen Bedarf an Entwicklungshilfe und die Tatsache, dass CARE allein und in vielen Bereichen in der Region tätig war, brachten nicht die schnelle Hilfe, die sich die lokale Bevölkerung so sehr erhoffte. So ging es denn bis im April 2000, bis CARE im Zusammenhang mit ihrer Infrastrukturhilfe nach dem Zyklon Hudah genau jene Art von Projekten ausführte, die jedermann seit 1993 erwartet hatte und die von der Bevölkerung geschätzt wurde. Fast alle anderen kleinen Projekte, die CARE seit 1993 unterstützte, wie bessere Bewässerungssysteme, Fischzuchtteiche und andere kleine Infrastrukturbauten wurden vom Zyklon Hudah weggewaschen. Ironischerweise brauchte es die Überflutungen durch den Zyklon, um zu beweisen, dass das Vertrautmachen der Einwohner mit den Entwicklungsvorhaben der bessere Ansatz war.

Die Entstehung des Nationalparks

Im Gegensatz zu den riesigen Erwartungen an CARE, die diese Rolle so schwierig machten, schienen die Ziele und Aufgaben der Naturschutzpartner im integrierten Naturschutz- und Entwicklungsprojekt von Beginn weg klar definiert. Die Schaffung eines riesigen Nationalparks auf der Halbinsel – vielleicht bis zu 300 000 Hektar gross und damit fast doppelt so gross wie der grösste bereits bestehende Park – war eines der Hauptziele des Masoala Projekts und eines, das auch von USAID und fünf weiteren Partnern unterstützt wurde, darunter ANGAP und das Ministerium für Wald und Wasser (MEF).

Der langwierige Prozess der Schaffung eines Naturschutzreservates steht in Madagaskar unter der Aufsicht des Ministeriums für Wald und Wasser (MEF). Einer der ersten und aufwendigsten Schritte war die Fertigstellung einer Machbarkeitsstudie mit der Festlegung der Parkgrenzen, die dann für die Diskussionen mit den Dorfgemeinschaften verwendet wird. Für Masoala wurde diese Studie weitgehend von der Wildlife Conservation Society umgesetzt. Diese Arbeit leitete Claire Kremen, eine Naturschutzbiologin, die auf das Studium und die Aufnahme der kaum bekannten Schmetterlingsfauna spezialisiert war in enger Zusammenarbeit mit Dr. Vincent Razafimahatratra der Universität Antananarivo, mit GIS Spezialisten der Stanford University und anderen Partnern im Masoala Projekt. In den zwei Anfangsjahren des Projektes, das

Aus der Sicht eines Nationalpark-Rangers

Nationalpark-Ranger arbeiten im Nationalpark seit seiner Gründung 1997. Jeder Ranger hat eine andere Herkunft, Kultur und andere Qualifikationen. Diese Unterschiede ergänzen einander und helfen mit, den Beruf auszuüben.

Bezieht der Ranger seinen ihm zugewiesenen Posten, fällt es ihm zu Beginn oft schwer, mit der einheimischen Bevölkerung zu leben. Der Ranger und die Einheimischen scheinen oft verschiedene Ziele zu haben. Der Ranger versucht die Artenvielfalt des Waldes zu erhalten, die Dorfbewohner dagegen sind damit beschäftigt, ihre notwendigsten Bedürfnisse zu erfüllen, das heisst normalerweise, den Wald und seine natürlichen Ressourcen auszubeuten. Sie jagen Lemuren, Vögel, Tanreks und Flughunde und verstehen manchmal nicht, weshalb wir versuchen, unser natürliches Erbe zu schützen. Es ist deshalb wichtig, dass sich der Ranger in die Dorfbevölkerung einfühlt und ihre Gewohnheiten und Traditionen respektiert. Stück um Stück gelingt es dem Ranger dann die Naturschutzidee zu vermitteln und das Verhalten der Leute von einer negativen Einstellung zur Umwelt in eine positive zu wandeln.

Mit den Jahren werden sich die Gemeinden und Menschen um Masoala immer mehr bewusst, wie wichtig die Umwelt für ihr Leben ist und welche Vorteile ihnen der Park bringt. Viele Leute sind heute unsere Partner in unserem Kampf, den Wald zu schützen und der Schutz des Parks ist jedermanns Aufgabe, nicht nur die der Park-Ranger.

*Cyprien Boutodi:
Parkwächter Teamleiter,
Ampokafo*

Ende 1992 gestartet worden war, sammelten und analysierten Feldteams alle ökologischen Daten, die nötig waren, um die Parkgrenzen vorzuschlagen und gegenüber den Behörden zu vertreten. CARE Mitarbeiter sammelten in dieser Zeit Informationen über die Bevölkerung Masoalas, um sicherzustellen, dass möglichst keine Leute innerhalb des Parkes wohnen würden.

Es war unausweichlich, dass der Vorschlag für die Begrenzung des Parks einen Kompromiss darstellte zwischen möglichen idealen Parkgrenzen aus ökologischer Sicht und dem, was vor Ort möglich war. So sind beispielsweise die drei stark bedrohten noch vorhandenen Küstenwaldzonen nur als Parkenklaven geschützt, weil sie in stark bevölkerten Gebieten liegen, und weil es dort schwierig ist, zusätzliche Einwanderung und Abholzung zu verhindern. Über alles gesehen enthielt der dem MEF im Februar 1995 eingereichte Vorschlag aber die wichtigsten Charakteristika für die grösste geschützte Zone in Madagaskar, die die Ökosysteme von der Küste bis hinauf in die höchsten Berge der Region umfasste.

Der Aufbau der Schutzmassnahmen und die ökologische Überwachung

Gleichzeitig mit der Festlegung der Parkgrenzen bestimmten CARE, WCS und ihre Partner das Personal, um den Naturschutzteil des Projekts zu managen. Jocelyn Rakotomalala, eine Forstingenieurin, wurde die erste Direktorin des Naturschutzprogrammes. Nationalparkrangerteams wurden angestellt, ausgebildet und an strategisch wichtigen Orten rund um die Halbinsel postiert. Diese Teams begannen mit Umwelterziehungsprogrammen in den Dörfern, halfen dem MEF bei der Durchsetzung der Waldschutzbestimmungen und mit der Bezeichnung der Parkgrenzen. Das Projekt begann, indem mit den Dorfbewohnern und privaten Unternehmern Massnahmen ergriffen wurden zur Förderung des Ökotourismus, indem Wege und eine Campinginfrastruktur aufgebaut wurden und eine Gruppe von Führern ausgebildet wurde, die heute zu den besten des Landes zählt. Infrastrukturbauten

Der Bootsbau ist ein wichtiger Industriezweig in Antalaha und Maroantsetra und führt zu einer Nachfrage nach qualitativ gutem einheimischem Tropenholz.

Die Gründung einer lokalen Naturschutzorganisation

Die Naturschutzorganisation «Conservation Antongil» wurde von Bewohnern der Maroantsetra-Region gegründet. Die Organisation ist im Juli 2000 entstanden und wird von den zwei ersten Ökotourismus-Führern Masoalas geleitet.
In Sorge, dass sich die Aufmerksamkeit des Naturschutzes in der Region nur auf Masoala richtet, konzentrierten wir uns darauf, den nachhaltigen Schutz in anderen Gebieten zu fördern. Die meisten unserer Mitglieder sind vom Land nordöstlich Maroantsetras und dort versuchen wir das Gemeinschaftsmanagement der Ressourcen des Waldes zu fördern und der Bevölkerung die Einzigartigkeit und Wichtigkeit der Flora und Fauna zu vermitteln, die um sie herum lebt. Wir konnten dies tun dank dem Wissen und der Motivation, die uns die madagassischen und internationalen Forscher und Naturschützer vermittelten, aber die Stärke unserer Organisation ist es, dass wir Einheimische sind. Es ist für uns schwierig, die Zerstörung unserer natürlichen Umwelt zu stoppen. Madagaskar ist eines der ärmsten Länder der Welt, auch wenn sein Artenreichtum riesig ist.
Die Wälder werden durch Feuer zerstört, um Hügelreis anzupflanzen, aber der Ertrag und die Einkünfte sind relativ klein und können kaum eine Familie ernähren und so roden die Leute grosse Flächen.

wurden vorerst auf der Insel Nosy Mangabe eingerichtet, die seit 1966 unter Schutz stand und über eine kurze Bootsfahrt von den Touristen einfacher erreicht werden konnte, als die Masoala Halbinsel.

Nosy Mangabe und der Welt-Umweltschutztag 1996

Nosy Mangabe, eine unbewohnte Insel von 520 Hektaren im nördlichen Teil der Bucht von Antongil gegenüber der Stadt Maroantsetra, ist das kleinste Reservat im ANGAP-Netzwerk. 1993 wurden die Bewirtschaftung und Überwachung der Insel dem Masoala Projekt übertragen und 1995 wurde sie im Einverständnis mit den Verantwortlichen der ANGAP und des MEF als integraler Teil ins Nationalparkprojekt aufgenommen. In diesem Jahr erhielt die Insel 500 Besucher, wovon die Hälfte internationale Touristen.

1995 wurde der Projektvorschlag dem Ministerium eingereicht. Der Rest des Jahres wurde dafür eingesetzt, die Bevölkerung rund um den Park in die Vernehmlassung miteinzubeziehen. Zu Beginn des Jahres 1996 schienen alle notwendigen Schritte abgeschlossen und die Vorbereitungen für die Eröffnung des Nationalparks am 5. Juni 1996, den Umweltschutztag, der zu diesem Anlass in Maroantsetra gefeiert werden sollte, waren gemacht. Radio- und Fernsehstationen berichteten von der bevorstehenden Eröffnung. Als der 5. Juni näher kam, kam der Verdacht auf, dass die Regierung nicht in der Lage sein werde, bis dahin ein entsprechendes Gesetz zu verabschieden. Schlussendlich beendete ein Artikel am 2. Juni die Unsicherheiten mit dem simplen Hinweis, ein Masoala Nationalpark sei nicht im nationalen Interesse. Eine dringende Mitteilung erreichte Maroantsetra, die entsprechenden Vorbereitungen seien zu stoppen, nur der Umweltschutztag sollte stattfinden.

Am 5. Juni kamen die madagassischen Minister und die enttäuschten Vertreter der internationalen Geber- und Nichtregierungsorganisationen mit Extraflügen auf Maroantsetras kleinem Flughafen an und zogen in die Stadt, um den Tag zu feiern, den die Mitarbeiter des Masoala Projektes mit den lokalen Behörden vorbereitet hatten. Die Feier erreichte ihren Höhepunkt mit den Reden

Nach ein paar Jahren Nutzung desselben Bodens wird die Erde zu karg, um Reis anzupflanzen, die mangelnde Vegetation ermöglicht die Erosion und die Landschaft wird gezeichnet mit kleinen Runsen. Die Familie muss weiterziehen zum nächsten Wald oder hungert. Dies ist der Zyklus viciosus, gegen den wir kämpfen, aber wir brauchen noch viel mehr Hilfe, um gegen diese schrecklichen Probleme anzukommen.

*Makoa Jean,
Sekretär der Conservation Antongil*

Vom verlassenen Leuchtturm beim Cap Masoala aus hat man eine wunderbare Aussicht über die Bucht von Antongil bis zum Festland.

auf der Treppe der Stadthalle. Während der Begrüssungsrede eröffnete der Stadtpräsident den offiziellen Gästen, dass ein Grund für die Nichtunterzeichnung des neuen Gesetzes der Einschluss von Nosy Mangabe in den Nationalpark war. Die Bevölkerung von Maroantsetra hatte nachgewiesenermassen Angst, dass das Gesetz dazu führen würde, dass sie die Erlöse aus dem Tourismus mit der ganzen Region teilen müsste.

Bei einer kurzfristig eingeräumten Sitzung der Projektleitung mit den Vertretern der ANGAP und des MEF wurde die Nationalparkgesetzgebung so abgeändert, dass Nosy Mangabe nicht zum Nationalpark geschlagen wurde, aber es war bereits zu spät und die Chance war vergeben. Die überarbeitete Gesetzgebung wurde erst im März 1997 angenommen, nachdem die Regierung gewechselt und eine intensive Lobbyarbeit von USAID und der amerikanischen Botschafterin Vicky Huddlestone stattgefunden hatte. Später musste der Stadtpräsident von Maroantsetra, Patrice Tadahy, eingestehen, dass er am entsprechenden Morgen ein Telefonat eines hohen Beamten erhalten hatte, der ihm mitteilte, was er zu sagen habe. Es ging das Gerücht, dass der wirkliche Grund für die Absage der Eröffnung Verhandlungen mit einer malaysischen Holzfällerfirma waren, wobei es um eine Konzession zur Abholzung einer grossen Fläche Wald ging, wofür als Gegenleistung der Bau von Strassen in einer anderen Region des Landes angeboten wurde.

Die Landschaft, die Fauna und die Flora des Nosy Mangabe Spezialreservates wurden vom Menschen in vielfältigster Weise beeinflusst. Ein Wanderweg für die Touristen folgt heute einem Weg, der ursprünglich im 17. oder 18. Jahrhundert angelegt wurde.

Der Aufbau des Nationalparks

Die Eröffnung fand schlussendlich im September 1997 mit dem neuen Premierminister Pascal Rakotomavo und mit Vicky Huddlestone als speziellem Gast statt, nachdem die amerikanische Unterstützung des Projektes beendet worden war. Es gelang aber den aktiven Verantwortlichen von CARE, die holländische Regierung zu überzeugen, das Projekt für fünf weitere Jahre zu unterstützen. Die madagassischen Behörden ihrerseits sicherten dem Projekt zu, dass der Masoala Nationalpark weiterhin von den Projektverantwortlichen zusammen mit dem madagassischen Nationalparkservice, der ANGAP, geführt werden konnte.

Eine der ersten Aufgaben war die Einstellung eines neuen Nationalparkdirektors. Klare Favoritin für diese Aufgabe war Germaine Tsiza, die Nachfolgerin von Jocelyn Rakotomalala als Direktorin des Masoala Naturschutzprojektes, eine bestimmte und intelligente, als Försterin ausgebildete Frau aus Maroantsetra. Sie nahm die Berufung durch ANGAP gerne an, doch bevor sie in Masoala

Leben und Tod in Madagaskar

Wenn man einen Wald in Madagaskar besucht und in die Baumwipfel hinaufstarrt, um Lemuren auszumachen, ist es immer angenehm zu wissen, dass man nicht in den nächsten Sekunden auf eine giftige Schlange steht oder einen schlafenden Büffel weckt, in einen Haufen Ameisen trampelt oder von Angesicht zu Angesicht vor einem Elefanten steht. Trotzdem ist der Tod in Madagaskar wie in anderen Entwicklungsländern immer nah. Malaria ist ausser im zentralen Hochland eine immerwährende Bedrohung der Leute.

Die Kindermortalität ist hoch, Unterernährung häufig, schlechte Hygiene eher die Regel als die Ausnahme, und die Gesundheitsversorgung ist absolut ungenügend. Während die Bürger der entwickelten Länder vor dem plötzlichen Tod, sei dies durch Krankheit oder Unfall, weitgehend geschützt sind, sind die Unsicherheiten für die Madagassen gross. Die Lebenserwartung ist kürzer, und jede kleine Gefahr kann tödlich enden. Dank der einzigartigen Kultur der Vorfahren in Madagaskar aber ist der Tod untrennbar mit dem Leben verbunden und umgekehrt. Während die westliche Marktwirtschaft auf der Planung basiert, ist die Unvorhersagbarkeit für die meisten Madagassen ein wichtiger Teil des Lebens, weil niemand mit Bestimmtheit davon ausgeht, dass die Reisernte erfolgreich sein wird, dass

eingesetzt werden konnte und der Park gegründet worden war, für den sie so hart gearbeitet hatte, schlug das Schicksal zu. Ein Projektboot fuhr auf ein Riff nahe dem Eingang zum Hafen von Antalaha und kenterte. Germaine ertrank.

Für Germaines Nachfolger als Direktor des Naturschutzprojektes – und de facto Direktor des neuen Masoala Nationalparks – ging es zusammen mit CARE und ihren Partnern darum, Strukturen zu schaffen und Leute einzustellen, um das langfristige Überleben des Parks nach dem Ende des Projektes und damit auch dessen Finanzierung sicherzustellen. Dieser Abschluss war auf Ende 2002 vorgesehen. Während den ersten drei Jahren, bis im April 2000, wurde der Park wie vor seiner Eröffnung vor 1997, vom Masoala Projekt geführt. Das Nationalparkteam arbeitete sehr eng mit dem technischen Berater der Wildlife Conservation Society, Matthew Hatchwell, zusammen. Es reichte im April 1999 ein Betriebskonzept ein, das die ANGAP noch im selben Jahr genehmigte. Das Betriebskonzept beschreibt die Vision und Strategie für den langfristigen Schutz des Nationalparks und der Insel Nosy Mangabe. Es gibt den Rahmen für die jährlichen Ziele und Budgets.

Ende 1999 mussten alle involvierten Organisationen erkennen, dass die Art des integrierten Entwicklungs- und Naturschutzprojektes nicht die effizienteste Weise darstellte, die Entwicklungs- und Naturschutzziele zu erreichen. Es war auch klar, dass im Jahr 2002 die Finanzierung dieses Projektes auslaufen würde. In den Verhandlungen zwischen der ANGAP, CARE, WCS und der Weltbank wurde entschieden, das INEP aufzugeben und die beiden Komponenten – den Entwicklungs- und den Naturschutzteil – als zwei unabhängige Projekte weiterzuführen. CARE sollte die Entwicklungsarbeit von der Stadt Antalaha aus weiterführen, während das Management des Nationalparks von Maroantsetra aus der ANGAP und deren engem Partner, der WCS, übergeben wurde.

Zu Beginn des Jahres 2000 musste das damals sieben Jahre alte Projekt in zwei administrativ und geografisch separate Teile aufgeteilt werden. Das Personal, Fahrzeuge, Boote, Computer, Möbel und alle anderen Utensilien des Projekts mit einem jährlichen Budget von $ 1 Mio. mussten bis zum 3. April getrennt werden. Am 1. April tauchten Gerüchte auf, dass ein Zyklon auf Antalaha zukomme. Über das Wochenende machten sich die Leute in Antalaha und Tana, die über einen Internetanschluss verfügten und entsprechende Satellitenaufnahmen herunterladen konnten, immer grössere Sorgen über den an Stärke zunehmenden Zyklon Hudah, der aus dem Indischen Ozean direkt auf Madagaskar zukam. Würde er auch Masoala treffen? Die Bewohner von Antalaha beteten am Grab eines französischen Priesters, der 1962 gestorben war und versprochen hatte, dass sein toter Körper zukünftige Wirbelstürme von

man am nächsten Tag nicht von einem Zyklon überrascht wird oder – wie in Germaines Fall – das Boot sicher am Ziel ankommt. Germaine war auf dem Weg zum Begräbnis ihres Onkels in Maroantsetra, als sie plötzlich vom Tod überrascht wurde. Sie wurde in Maroantsetra begraben. Im Jahr 2002, der madagassischen Tradition folgend, wurde sie exhumiert, gewaschen und in neue Tücher gehüllt und dann im Familiengrab bei ihren Vorfahren beigesetzt.

Bild Seite 101: Es gibt keine Zeremonie zur Ehrung der Ahnen ohne reichlich Reis. Es ist *fady*, über den Bananenblatttisch zu steigen.

Der Reis und die Betsimisaraka

Für die Madagassen und besonders für das Betsimisaraka-Volk hat der Reis eine grosse ökonomische und kulturelle Bedeutung. Reis ist unser Grundnahrungsmittel und viele Familien essen ihn dreimal am Tag. Das Pflanzen und Ernten von Reis ist eine der wichtigsten Aktivitäten in unserem Leben und die Beschaffung von genügend Reis, mit dem wir unsere Familien das ganze Jahr hindurch versorgen können, ist unsere Hauptbeschäftigung. Auf dem Land wird Reis auch als eine Art Währung eingesetzt. Während der Reisernte helfen viele Leute den Familien und erhalten als Lohn einen Korb Reis. Wir können Reis auch für andere Produkte eintauschen, so für Holz, Hühner oder sogar für ein Zebu. Die Fähigkeit einer Familie, selbst für ihren Reis aufzukommen, ist ein wichtiges Zeichen für ihren Stand in der Gemeinde. In einigen Familien kommt es vor, dass es Tage oder Monate gibt, in denen nicht genügend Reis vorhanden ist. Diese Zeit wird als Hungersnot *(Silaono)* bezeichnet, auch wenn noch genügend anderes Essen zur Verfügung steht. Sie sagen: «zanaharibe ny voary», das heisst: «Der Reis ist ein grosser Gott», was zeigt, dass für die Betsimisaraka der Reis ein wesentlicher Teil eines harmonischen Lebens ist. Der Reis hat seinen Stellenwert auch in unseren Zeremonien. Immer, wenn wir etwas von unseren Vorfahren oder von Gott erfragen, kochen wir etwas Reis und legen es für sie zum Essen auf die Seite. Es gibt auch Regeln, die beim Pflanzen oder Ernten von Reis beachtet werden müssen. Gepflanzt werden muss an ganz bestimmten Tagen und diese fallen immer auf einen Montag oder einen Samstag. Viele Familien bitten einen Hellseher um Rat, welches der beste Tag sei. Wenn die Wahl getroffen ist, leisten wir ein spezielles Opfer, das *Diahamboly* genannt wird und uns erlaubt, mit der geplanten Pflanzung fortzufahren. Diese Opfergabe muss ein Huhn, eine Kuh oder mindestens eine Art getrockneter Fisch sein, der als *Kirireko* bekannt ist. Das Opfer muss bei Hügelreis am selben Tag dargebracht werden, an dem er gepflanzt wird, bei Reisfeldern dann, wenn die jungen Reispflänzchen umgesetzt werden. Wenn wir das *Diahamboly* opfern, bitten wir um Erlaubnis zu pflanzen, wünschen eine gute Gesundheit für diese Saison und eine gute Ernte. In gleicher Weise danken wir bei Beginn der Ernte den Vorfahren und Gott, unsere Bitte für eine gute Ernte erhört zu haben, und keiner darf von diesem neuen Reis essen, bevor das Opfer dargebracht wurde. Wir bringen diese Opfer unseren Vorfahren und Gott, weil diese uns das Leben geschenkt haben, und dieses Leben vom Reis abhängig ist. Auch wenn es viele negative Aspekte gibt, die durch die Reispflanzungen verursacht werden, darf von denen,

---

Antalaha abwenden würde. Um 19.00 Uhr des 2. April war Antalaha telefonisch nicht mehr erreichbar und um Mitternacht fegte einer der zerstörerischsten Zyklone über die Stadt, die Madagaskar heimsuchte, seit darüber Buch geführt wird. Winde von über 230 km/h konnten registriert werden, an verschiedenen Orten erreichten sie wahrscheinlich bis zu 380 km/h und mehr.

Die NASA bezeichnete Hudah als einen der stärksten Stürme, der je im Indischen Ozean beobachtet worden sei. Nur wenige Gebäude standen noch, als sich der zerstörerische Zyklon über die zentralen Höhen Masoalas hin bewegt hatte. Was er entlang der Flüsse stehengelassen hatte, rissen jetzt die Fluten der über die Ufer tretenden Flüsse mit. Die Dorfbewohner, die unter dem Boden ihrer auf Pfählen gebauten Häusern vor den durch die Luft fliegenden Baumteilen aus der Luft Schutz gesucht hatten, mussten erneut fliehen und zusehen, wie ihre Häuser nun vom Wasser weggetragen wurden.

Der illegale Holzschlag und wie sich das Management des Parks entwickelte

Nebst dem enormen Schaden, den der Zyklon Hudah für den Lebensunterhalt der Leute bedeutete, hatte auch der nördliche Teil des Nationalparks sehr gelitten. An einigen Steilhängen war mehr als die Hälfte der Bäume zersplittert oder umgestürzt, unvermeidlicherweise auch wertvolle Holzarten wie Eben- und Rosenholz. Die lokale Bevölkerung versuchte, sich vom Sturm zu erholen. Dies brachte mit sich, dass Scharen von illegalen Holzfällern in den Nationalpark vordrangen unter dem Vorwand, das durch den Zyklon gefällte Holz zu bergen. Während sich die Dorfbevölkerung glücklich schätzte, für einen 300–400 kg schweren Rosenholzstamm $ 10 zu lösen, bekamen die Mittelsmänner in Antalaha das Zehnfache und die Exporteure in Toamasina sackten das Hundertfache ein. Die Profite waren sogar noch grösser als im Vanillehandel, der bereits den Stadtpräsidenten von Antalaha und kleinere Gruppen von Exporteuren reich gemacht hatte. Da es um grosse Summen ging und Wahlen bevorstanden, war es unvermeidlich, dass auch Korruption die anstehenden Probleme weiter verschärfte. Erst seit dem Regierungswechsel 2002 steigt die Hoffnung wieder, dass die geltenden Gesetze auch umgesetzt würden und beispielsweise wertvolles Holz nur ausserhalb des Nationalparks gewonnen würde und dies auf einer ökologisch nachhaltigen Basis und mit einer fairen Abgeltung der einheimischen Bevölkerung.

Dass es soweit kam, war nicht zuletzt darauf zurückzuführen, dass die ANGAP nicht über die nötige Autorität verfügte, den illegalen Rosenholzhandel zu unterbinden, nicht einmal innerhalb der Schutzzonen. Wurde ein Gesetzesverstoss entdeckt (oft Tagesmärsche von Antalaha

die sich um den Schutz des Waldes kümmern, die Rolle nicht unterschätzt werden, die der Reis in der Betsimisaraka-Gesellschaft spielt.

Marozafy Armand, Touristenführer, Maroantsetra

Ein Jahr nach dem Zyklon Hudah liegen immer noch unzählige Baumstämme wild durcheinander an den Stränden von Cap Est.

oder Maroantsetra entfernt), rapportierten die Parkwächter ihren Vorgesetzten. Diese schickten den Bericht weiter, wenn sie genug Informationen hatten und wenn sich ein Besuch des Ministeriums für Wald und Wasser rechtfertigte, was meist erst nach Monaten der Fall war. Gesetzesübertritte wurden nur selten verfolgt, und die Verfahren noch seltener durchgezogen. Glücklicherweise besteht heute die rechtliche Grundlage für ANGAP-Angestellte, das Gesetz ohne Hilfe von aussen durchzusetzen. Es ist zu hoffen, dass die Motivation der Parkwächter, die jahrelang dem Treiben hilflos zuschauen mussten, den Erfolg nun nachhaltig steigert.

Um der Hilflosigkeit der Parkwächter entgegenzuwirken, wurden in Masoala erstmals regelmässige Flugpatrouillen eingesetzt, um *Tavy*, Brandrodungen im und rund um den Park zu erkennen. Die 526 km lange Grenze des 2300 Quadratkilometer grossen Parks, der dichte Wald, das unwegsame Gebiet und die wenigen Pfade machten es den Parkangestellten fast unmöglich, die Brandrodungen und die als *laly* bekannten Lemurenfallen zu entdecken, wenn sie nicht gerade zufällig darauf stiessen. Die seit 1998 stattfindenden Luftpatrouillen ermöglichen es nun, viele Rodungen zu erkennen und tragen dazu bei, die Bevölkerung davon abzuhalten, in den Park überzusiedeln.

Es gibt keinen Zweifel, ohne eine strikte Umsetzung des geltenden Rechts gibt es wie in anderen Regionen Ostmadagaskars bald nur noch einzelne isolierte Restwaldstücke. In einem Land, in dem so viele Menschen für ihren Lebensunterhalt von den natürlichen Ressourcen abhängig sind und «nachhaltige Entwicklung» ein Traum bleibt, ist die Durchsetzung geltenden Rechts ein entscheidender Teil des Parkmanagements. Da Spannungen mit den Einheimischen fast unausweichlich sind, ist es entscheidend, dass die Anrainergemeinden einen Gewinn aus der Errichtung und aus dem Betrieb des Nationalparks ziehen können. Wegen der akuten Existenzbedrohung der meisten Dorfbewohner müssen die langfristigen Massnahmen zum Schutz der Natur mit kurzfristigen ergänzt werden, damit die wichtigsten Bedürfnisse der Bevölkerung befriedigt werden können. Während des INEP wurden solche Bedürfnisse von CARE als Teil ihres langfristigen Programms aufgenommen, aber nie in dem Umfang, dass die Bevölkerung sie zu schätzen wusste. Erst als CARE und andere Organisationen wie die UNDP und das Welternährungsprogamm (WFP) als Folge des Zyklons Nothilfemassnahmen einführten, realisierten die Einheimischen, dass es die Entwicklungs- und Naturschutzorganisationen mit ihrer Hilfe bei der Verbesserung der Nutzung natürlicher Ressourcen auf Masoala ernst meinten. Dieses Gefühl wurde verstärkt durch die zusätzliche Hilfe, die die Naturschutz-organisation WCS und andere Partner wie die San Diego Zoological

Bild Seite 105: Für Rosenholz aus Masoala werden auf dem internationalen Markt fast $ 2000 pro Tonne gelöst. Diese Holzfäller erhalten ungefähr $ 20 für diese Tonne Dalbergia-Holz, das sie schlagen und in fünf Tagen bis an die Küste schleppen.

Society und die City of London School für den Wiederaufbau als Folge des 2. Aprils leisteten.

Damit konnten die ANGAP und die WCS auch mit einem besseren Verhältnis zur Bevölkerung im Umfeld des Parks starten als zu Zeiten des INEP. Dazu massgeblich beigetragen haben Robert Rajaonarison, Direktor des Masoala Nationalparks seit 2000, und James MacKinnon, technischer Berater der WCS seit Januar 2001, die ausgezeichnete Verbindungen zwischen dem Park und den lokalen Behörden aufbauten.

Die Unterstützung der Dorfbevölkerungen rund um den Park mit so genannten Mikroprojekten führte ebenfalls zu einer Verbesserung der Beziehungen. Mittel zur Finanzierung solcher Projekte in der Region Maroantsetra kamen aus den Einnahmen, die über die Eintrittsgelder auf der Insel Nosy Mangabe erwirtschaftet wurden. Die Partnerschaft mit dem Zoo Zürich im Vorfeld der Eröffnung des Masoala Regenwaldes brachte einen zusätzlichen jährlichen Beitrag von $ 10 000, der zum Beispiel für den Bau von Dämmen und Kanälen verwendet wurde, um die Erträge des Reisanbaus zu verbessern. Wie in anderen ANGAP-Nationalparks des Landes sind Partnerschaften zur Verbesserung der lokalen Wirtschaft zwischen dem Park und den Nachbarsdörfern ein wichtiger Punkt in der Strategie für Masoala.

Das gemeinsame Parkmanagement von ANGAP und WCS und die Partnerschaft mit dem Zoo Zürich

Die Art, wie ANGAP und WCS heute den Nationalpark-Komplex zusammen bewirtschaften, ist modellhaft geworden für die Naturschutzgebiete in Madagaskar. Während ANGAP für die Personal- und Betriebskosten des Parks aufkommt, leistet WCS technische Hilfe und stellt Mittel für Anschaffungen und allfällig notwendige Spezialisten zu Verfügung. Diese Aufteilung ermöglicht es beiden Partnern, auf eine Veränderung beim Mittelzufluss flexibel zu reagieren. Die grösste Stärke dieser Vereinbarung ist die Verpflichtung der beiden grossen Partner, sich auch bei sich verändernden Verhältnissen, seien diese finanzieller oder anderer Art, langfristig für den Schutz des Nationalparks Masoala und die Insel Nosy Mangabe einzusetzen. Dazu kam die Unterstützung von weiteren Partnern wie des World Wide Fund for Nature (WWF), spezifisch des WWF Finnland und des WWF Schweiz, die das Management der marinen Parks seit 2000 finanzierten.

Die dritte Säule zur Unterstützung des Masoala Nationalparks bringt nun der Zoo Zürich. Die Zusammenarbeit begann 1997, als der Zoo Zürich ein Abkommen mit dem Ministerium für Wald und Wasser (MEF) schloss, das den Aufbau einer Pflanzschule in der Nähe von Cap Est

Bild Seite 107: 1996 gründete der Zoo Zürich die Pflanzschule in Antanambao.

zur Pflanzenproduktion für die Wiederaufforstung, für Nutzpflanzen der Bevölkerung und für den Masoala Regenwald in Zürich vorsah. CARE's Rolle als Vertreter des Zoos in Masoala wurde im Anschluss an den Zyklon Hudah von WCS übernommen und die zerstörte Pflanzschule in Andrakaraka bei Antalaha neu aufgebaut. Die vormals schwierige Exportation der Pflanzen und Samen nach Europa übernahm der *Silo National des Graines Forestières*. Seit 2001 sind so 2500 der insgesamt 17 000 Pflanzen exportiert worden, die heute im Masoala Regenwald in Zürich stehen.

Die Partnerschaft zwischen dem Zoo Zürich und dem Masoala Nationalpark ist innovativ und bringt einen vielfältigen Nutzen für das gemeinsame Projekt. Diese Partnerschaft der am langfristigen Schutz von Masoalas Regenwald interessierten nationalen und internationalen Institutionen scheint deshalb ein gutes Modell zu sein für den Schutz gefährdeter Lebensräume in anderen Ländern. Es gilt dabei aber zu berücksichtigen, dass sich die Bedingungen für die Naturschutzarbeit ständig ändern. Gewonnene Schlachten müssen neu ausgefochten werden.

Anfang 1998 waren die ersten Pflanzen in der Pflanzschule von Antanambao bereit für den ersten Testexport nach Zürich.

In Madagaskar rechnet man damit, dass die gegenwärtige Runde der bilateralen und multilateralen finanziellen Unterstützung des nationalen Umweltaktionsplans 2008 zu einem Ende kommen wird. Darüber hinaus hängt die Zukunft von Institutionen wie der ANGAP, die nach dem Willen der Geberländer um 1990 aufgebaut wurde, davon ab, ob es ihr gelingt nachhaltige Finanzierungswege zu finden, die sie finanziell unabhängig machen von den Unwägbarkeiten der Finanzierungs- und Entscheidungskraft der Regierung. Darin liegt eine der grössten Aufgaben für den Naturschutz in Madagaskar über die nächsten fünf Jahre.

Das Masoala Informationszentrum gibt einen Überblick über den Regenwald und die damit verbundenen komplexen Zusammenhänge im heutigen Madagaskar.

Der Masoala Regenwald im Zoo Zürich

Alex Rübel

Kriterien für den Bau und die Gestaltung des Masoala Regenwaldes:

1. Im Masoala Regenwald sollen die ökologischen Zusammenhänge so naturnah und authentisch wie möglich nachvollzogen werden. Der Besucher soll das Zusammenspiel der Tiere – vom Säugetier bis zum Wirbellosen – mit Pflanzen und Umgebung kennen lernen.

2. Der Schutz eines Lebensraumes, in dem auch Leute leben, ist nur unter deren Einbezug denkbar. Der Masoala Regenwald soll dies aufzeigen und dazu anregen, mehr über dieses Verhältnis zu lernen.

3. Der Besucher bekommt ein «reines» Naturerlebnis. Tiere leben im gleichen Raum wie die Besucher. Konstruktion, Technik und Abtrennungen verschwinden in der Wahrnehmung des Besuchers.

Bild Seite 110: Wie im Masoala Nationalpark müssen die Besucher des Masoala Regenwaldes aufpassen, wo sie mit ihren Händen hinfassen, um sich zu stützen.

Der Masoala Regenwald in Zürich ist ein Versuch des Zoos, die natürlichen Zusammenhänge der Tier- und Pflanzenwelt ausserhalb des Ursprungsgebietes für ein breites Publikum naturnah erlebbar zu machen. Er will so seiner Rolle als Public Relations-Agentur der Tier- und Pflanzenwelt gerecht werden und als Botschafter für den Schutz am Ursprungsort werben. Eine intensive Beziehung zum lebenden Tier und zu seiner Umwelt wirkt inspirierend und als effizienter Motivator, etwas für die Erhaltung der faszinierenden Tierwelt und ihrer Lebensräume zu unternehmen.

Der Masoala Regenwald soll auf realistische Weise darstellen, was wir verlieren, wenn Tiere aussterben und Lebensräume zerstört werden, und damit zeigen, welcher Wert den Tieren und Pflanzen in ökologischer, ökonomischer, kultureller, ethischer und ästhetischer Sicht zukommt. Mit seinem Engagement verfolgt der Zoo Zürich das Ziel, die madagassische und die Schweizer Bevölkerung für die Erhaltung der einzigartigen Tier- und Pflanzenwelt auf Madagaskar zu sensibilisieren.

Die Partnerschaft zwischen dem Zoo Zürich und Masoala beruht auf zwei Säulen: Auf dem Bau eines Masoala Regenwaldes in Zürich und auf der Unterstützung unseres Partners, des Masoala Nationalparks in Madagaskar.

Die Vereinbarungen haben zum Ziel, gemeinsam einen Beitrag zur Erhaltung der Artenvielfalt in Madagaskar zu leisten, Wissen und Know-how zur Verfügung zu stellen, die eine nachhaltige Nutzung der biologischen Ressourcen des Regenwaldes um den Nationalpark herum ermöglichen. Ein weiteres Ziel ist die Information der madagassischen und schweizerischen Bevölkerung über die Vielfalt von Pflanzen und Tieren und die ökologischen Zusammenhänge am Beispiel der Masoala Halbinsel. Grundlage der Vereinbarungen ist das Übereinkommen der Vereinten Nationen über die Erhaltung der biologischen Vielfalt.

Die Architektur für den Masoala Regenwald

1992 hat der von Rolf Balsiger geführte Verwaltungsrat des Zoo Zürich die Strategie des Zoos und den Gesamtplan, der vom Landschaftsarchitekten Walter Vetsch erarbeitet wurde, geneh-

4. Der Masoala Regenwald soll den Zoo Zürich überregional zur grössten touristischen Attraktion werden lassen.

5. Der Bau und der Betrieb der Halle sollen hohen ökologischen Ansprüchen genügen.

6. Die Tierhaltung soll naturnah und vorbildlich sein.

7. Der Wirtschaftlichkeit des Projekts wird ein hoher Stellenwert beigemessen.

Dimensionen
Breite: 90 m
Länge: 120 m
Höhe: 30 m
Grundfläche: 11 000 m²
Foliendach: 14 600 m²
Volumen: 200 000 m³
Erdsubstrat: 5000 m³
Kosten der Halle:
CHF 52 Millionen

Pflanzen im Masoala Regenwald bei der Eröffnung

Total ca. 17 000 Pflanzen und Bäume, darunter

100 in ihrer Grösse dominante Bäume

2500 Pflanzen aus den Pflanzschulen in Masoala

1600 kleinere Bäume, Palmen und Sträucher

1000 Lianen

400 Bambuspflanzen

3000 Orchideen und weitere kleine Pflanzen

migt. Die Zusage von Dr. Hans Vontobel, eines bekannten Zürcher Philanthropen, das Projekt mit wesentlichen finanziellen Mitteln zu unterstützen, erlaubte es dem Zoo, dieses mit grossen Chancen, aber auch mit Risiken behaftete zentrale Projekt in Strategie und Gesamtplan in Angriff zu nehmen. Viele Hindernisse waren zu überwinden, bevor mit dem Bau im Jahr 2001 begonnen werden konnte.

Die 120 m lange, 90 m breite und 30 m hohe Halle beherbergt 11 000 m² madagassischen Regenwald mit zwei Seen und einem Wasserfall. Zur Anlage gehört zudem ein Besucherzentrum von 2400 m² mit Infozentrum, Shop und Restaurant für rund 200 Personen, ausserdem Betriebsräume sowie die Technikzentrale. Das «Skelett», die Tragkonstruktion der Halle besteht aus 10 stählernen parabelförmigen Bogenträgern. Sie stehen 12,3 m auseinander und überspannen die Breite der Halle von 90 m stützenfrei. Zwischen den Stahlträgern liegen aus drei Folien gebildete so genannte Pneus. Diese werden unter permanentem Druck gehalten. Der Bau ist sehr schön und innovativ, er wurde so gestaltet, dass er gegenüber der eigentlichen Attraktion, dem Regenwald, in den Hintergrund tritt.

Die Landschaft

Der Masoala Regenwald kann auf einem rollstuhl- und kinderwagengängigen stark mäandrierenden Weg durchquert werden. Die Besucher können Einblicke geniessen in den typischen palmdurchsetzten Wald, den Lebensraum der Lemuren, in lichtere Sumpfzonen, welche Lieblingsaufenthalt vieler der für den Regenwald so charakteristischen farbigen und rufenden Frösche sind, hin zum Masoala Wasserfall, unter dem kleine Eisvögel nach Fischen jagen und sich Ibisse beregnen lassen. Pirsch- und Kletterpfade in die Tiefe des Waldes laden ein, einzelne Lebensräume aus dem Innern zu erforschen. Am Ende des Rundganges findet der Besucher eine Zone vor, die zeigt, wie die Bewohner des Regenwaldes von seinen Produkten leben, was Chance, aber auch Konflikt bedeuten kann.

Ein grosses Informationszentrum im Anschluss an das Regenwalderlebnis erklärt dem Besucher Tiere und Pflanzen, deren Fähigkeiten und Verhalten. Es zeigt, wie die Menschen vom Regenwald leben, wie Tiere ausgerottet, aber auch erstmals beschrieben werden. Das Projekt des Zoo Zürich für den Masoala Nationalpark wird vorgestellt, und es wird für den Nationalpark Geld gesammelt.

Ein phantastisches Restaurant mit Blick in den Regenwald bietet auch speziell Madagassisches für den Besucher und ermöglicht grosse Bankette am Abend. Wie im Zooshop, der auch Handwerk aus Masoala anbietet, ist ein Teil des Erlöses für Masoala bestimmt.

«Neugier wollen wir wecken in unseren Kindern, den Blick öffnen für die unzähligen Wunder, die uns umgeben. Der Sensibilisierung möge sich im reiferen Alter eine tätige Hilfe zur Erhaltung unserer bedrohten Umwelt anschliessen, getragen von unserer Verantwortung, ein Quäntchen Demut beigemischt.»

Dr. Hans Vontobel, Donator Masoala Regenwald

Unterstützung des Naturschutzes in Madagaskar:

Zur Erreichung seiner Naturschutzziele für den Nationalpark Masoala legte der Zoo sich auf folgende Strategie fest:

1. Der Zoo Zürich will in dieser Partnerschaft direkt mithelfen, die einmalige Landschaft des Regenwaldes auf der Masoala-Halbinsel mit vielen bedrohten Tieren zu erhalten. Ihr Überleben hängt weitgehend davon ab, ob es gelingt, die Bevölkerung davon zu überzeugen, dass ihr langfristig ein gesunder Regenwald mehr dient als ein kurzfristiger Ertrag an Reis oder Vanille. Der Zoo unterstützt das Projekt mit Propaganda für einen sanften Tourismus und mit finanziellen Mitteln, die im Masoala Regenwald zugunsten des Nationalparks bei den Besuchern gesammelt werden. Aus Masoala werden die Zoobesucher laufend über die Tiere im Regenwald, aber auch über den Wald und wie die Bevölkerung mit ihm umgeht, informiert.

2. Für den Aufbau des Masoala Regenwaldes in Zürich unterstützt der Zoo verschiedene Mikroprojekte zur lokalen Entwicklung in Masoala im Rahmen des Integrierten Naturschutz- und Entwicklungsprojekts. Dieses beinhaltet auch den Aufbau von Pflanzschulen, um nutzbare Regenwaldpflanzen aufzuziehen. Diese sollen einen abwechslungsreicheren Speisezettel

Pflanzen

Die Vielfalt der Pflanzenwelt in Masoala sollte auch im Masoala Regenwald zur Geltung kommen. Regenwälder sind hochkomplexe Systeme und brauchen Jahre, bis sie voll entwickelt sind. Spezialisten bauten den sauren Boden auf und planten den Pflanzenbestand. Zu Beginn ist der Masoala Regenwald mit einfach zu haltenden madagassischen und pantropischen Pflanzenarten bestückt, die Sander Kroll, KiPlant, in einer beispielhaften, logistisch perfekt organisierten Aktion für den Masoala Regenwald beschaffte. Jungpflanzen wurden in Madagaskar aufgezogen und in die Halle integriert. Bis in fünf bis zehn Jahren soll sodann auch ein typischer Masoala Regenwald – botanisches Juwel endemischer Masoala Pflanzen – im Zoo Zürich von unten nachwachsen.

Der Masoala Regenwald ist kein botanischer Garten. Schilder mit Pflanzennamen sucht man in der Halle vergebens. Abgestorbene Pflanzen bleiben liegen, zu hoch gewordene Bäume werden geschlagen. Die in Madagaskar gezogenen Jungpflanzen werden den laufenden Bedarf decken, der durch das Abholzen entsteht.

Ein Bereich ist den Nutz- und Medizinalpflanzen vorbehalten. Viele der Nutzpflanzen, unter anderen Vanille, stammen zwar nicht aus Madagaskar, sind dort aber von wirtschaftlicher Bedeutung. Ein grosser Teil der Weltproduktion des Duftstoffes Ylang Ylang, ein Bestandteil der Parfummarke Chanel No.5, wird beispielsweise auf der Insel produziert.

Nur im richtigen Klima gedeihen die Pflanzen

Im Regenwald sind die Nähr- und Mineralstoffe nicht im Boden gespeichert, sondern in den lebenden Pflanzen und Tieren gebunden. Stirbt ein Lebewesen, so wird der organische Abfall rasch von bodenbewohnenden Pilzen aufgespalten und an die Wurzeln lebender Pflanzen überführt. Daher ist die lediglich 2 bis 5 cm dicke Humusschicht tropischer Regenwälder trotz deren verschwenderischen Vegetation praktisch unfruchtbar. Die Gewächse des Masoala Regenwald werden in insgesamt 5000 m³ sauren Boden eingebettet sein. Das Substrat wurde eigens zu diesem Zweck von Spezialisten

ermöglichen (Früchte), als Medizinal- oder Zierpflanzen genutzt oder zur Wiederaufforstung verwendet werden. Der Zoo unterstützt den Bau der Pflanzschulen mit Hilfe seiner Partner, der CARE International und der Wildlife Conservation Society, unterstützt Programme im Rahmen der Naturschutzerziehung und ist erster Abnehmer dieser Pflanzen, die den Masoala Regenwald in Zürich erst so einzigartig machen.

entwickelt. Eine chemische Schädlingsbekämpfung ist in der Halle nicht möglich. Bei sorgfältiger Überwachung sorgen ausgewählte Nützlinge für ein ökologisches Gleichgewicht.

Tiere
Der Masoala Regenwald im Zoo Zürich ermöglicht, die Tiere in geführten Besuchergruppen auch abends bei Dunkelheit zu erforschen. Besonders attraktiv sind die Roten Varis, Weisskopfmakis, Flughunde, Tanreks, Schopfibisse, Reiher, viele andere Vögel, Reptilien, Amphibien, Fische und Wirbellose. Weitere Arten werden integriert, wenn der Wald älter wird. Schranken gibt es nach der Eingewöhnung für die Tiere in diesem Lebensraum keine mehr, die Tiere können zu den Besuchern herankommen. Nur der Mensch muss sich an die Wege halten, darf die Tiere weder anfassen noch füttern, die Tiere können sich in Ruhe zurückziehen und ihre Jungen erfolgreich aufziehen.

Ökologische Klimakontrolle
Damit die Pflanzen gedeihen, muss die Halle Klimabedingungen aufweisen, wie sie auf der Halbinsel Masoala in Madagaskar vorherrschen. Es sind dies Lufttemperaturen von 20 bis 30 °C, Luftfeuchtigkeitswerte von meistens über 80% und ein tropischer Regen mit einer Niederschlagsmenge von mindestens sechs Millimetern pro Tag.
Noch vor zwei Jahrzehnten wäre der Masoala Regenwald in Zürich undenkbar gewesen. Erst die Erfindung der hochlichtdurchlässigen Folie ermöglicht das Überleben der sensiblen Regenwaldbäume. Das Folienmaterial ist transparent und sehr widerstandsfähig gegenüber chemischer und biologischer Beanspruchung, UV-stabil und witterungsbeständig. Sehr wichtig für das Gedeihen der exotischen Pflanzen ist eine möglichst natürliche Belichtung, die mit einer Glaseindeckung nicht erreicht werden kann: Dazu muss das Material maximal viel Licht und UV-Strahlung durchlassen und hochdämmend sein. Mit einer Transluzenz von 95% und einem hohen Dämmwert der gesamten Konstruktion mit allen statischen Elementen wird die verwendete ETFE-Folie diesen Anforderungen gerecht. Ein weiterer Vorteil ist das geringe Gewicht: Die Folie wiegt weniger als 1% einer gleich grossen Glasplatte. Ausserdem ist die Folienoberfläche sehr glatt – Verunreinigungen haften schlecht.

Lange bevor die Pflanzungen begannen, hatte jede Pflanze ihren Platz auf dem Plan der Halle. Nur so kann sichergestellt werden, dass die jungen Bäume aus der Pflanzschule später auch einmal in die Höhe wachsen können.

Die verschiedenen Klimaanlagen und -aggregate sind durch eine übergeordnete Leit- und Managementebene optimal aufeinander abgestimmt.

Um einen niedrigen Energieverbrauch zu gewährleisten, wird der Masoala Regenwald mit einem ausgeklügelten System beheizt und gekühlt.

Die 200 000 m³ beinhaltende Halle wird durch eine Umluftanlage beheizt. Wenn nötig, wird die Wärme von der zentralen, CO_2-neutralen Holzschnitzelanlage bezogen.

Um den Bedarf an Holzenergie möglichst minimal zu halten, wird ein Wärmerückgewinnungssystem angewendet. Bei Sonnenschein erwärmt sich die Halle durch den Treibhauseffekt sehr schnell. Steigt die Lufttemperatur über einen Grenzwert, wird durch einen 25 Meter hohen Ansaugkamin die Warmluft unter der Kuppel abgesogen. In der Lüftungszentrale wird die Luft abgekühlt und im Seitenbereich durch die 52 Zuluftdüsen wieder in die Halle geführt. Die Überschusswärme wird in einem 250 m³ enthaltenden Wasserspeicher eingelagert.

Am Abend, wenn ein Wärmebedarf in der Halle besteht, wird dem Speicher wieder Wärme entzogen und die Umluft auf den geforderten Wert erwärmt. Dadurch können auch im Winter 20 bis 30% des Wärmebedarfes gedeckt werden. Im Sommer wird der Wärmebedarf ausschliesslich mit Überschusswärme aus der Halle gespeist.

In der Übergangszeit und im Sommer, wenn die Heizung nicht mehr benötigt wird, erfolgt die Erwärmung des Warmwassers für das Restaurant, die Küche und den Rest des Annexgebäudes ausschliesslich mit Überschusswärme aus der Halle sowie mit Abwärme der gewerblichen Kälteanlage.

Regen für den Regenwald

Ein zentrales Element der Halle ist die Beregnungsanlage. Um die enorme Wassermenge nicht aus dem öffentlichen Wassernetz beziehen und entkalken zu müssen, wird das Regenwasser vom Dach der Halle in zwei 500 m³ grossen Zisternen gesammelt. Das Wasser wird so weit als nötig aufbereitet, in mehreren Tagestanks zwischengelagert und erwärmt. Kurz vor Tagesanbruch wird die Halle aus den Dachdüsen mit ca. 80 000 Litern beregnet.

Damit der Feuchtigkeitsgehalt in der Halle aktiv beeinflusst werden kann, wurde parallel zur Beregnung eine Befeuchtungsanlage realisiert. Bei zu hohen Temperaturen im Firstbereich werden die Luftklappen geöffnet und die Luft zusätzlich befeuchtet.

In der Halle gibt es zwei unabhängige Wassersysteme mit total ca. 500 m³ Inhalt. Jeder See ist mit Bächen verbunden, welche 100 l/s (Wasserfall) und 50 l/s führen. Diese Bach-Seen-Systeme funktionieren durch Umwälzung der geforderten Wassermengen während den Besuchszeiten.

Klimadaten

Solldaten:

Raumtemperatur:
18 – 35 °C
Raumluftfeuchte:
65–100% relative Feuchte
Wassertemperatur
der Seen: 20–24 °C
Regenmenge:
2200 mm/Jahr (im Vergleich:
in Zürich 1350 mm/Jahr)
Temperatur
Beregnungswasser:
17–20 °C

Technische Daten:

Lüftung
Umluftmenge Halle
140 000 m³/h
Max. Aussenluftmenge
20 000 m³/h

Wärme
Wärmeleistungsbedarf
1500 kW
Heizenergiebedarf
650 MWh/Jahr
Wärmerückgewinnung
170 MWh/Jahr (25%)

Wasser
Beregnungsmenge
2200 mm/Jahr oder
ca. 80 m²/Tag
Befeuchtungsleistung
max. 4 m²/Stunde
Seensysteme Umwälzmenge
7 Liter/Sekunde
Wasserfall (überlagert)
Umwälzmenge
100 Liter/Sekunde

ETFE-Dachfolie (bei einer
Materialstärke von 0,2 mm)
Flächengewicht
350 g/m²
Transluzenz 95%

Projektorganisation

Eine kleine Gruppe, bestehend aus Zoovorstand, Zoodirektor Dr. Alex Rübel und Masterplaner hat die Zielsetzungen für den Zoo überarbeitet und das Projekt definiert. Projektteam, Zoomitarbeiter, Behörden der Stadt Zürich und viele Spezialisten aus Biologie, Technik und Rechtswissenschaften haben ihre ganze Kraft eingesetzt, viele auch ehrenamtlich, um das ausserordentliche Projekt zu realisieren. Dabei waren schwierige Probleme zu bewältigen, wie die Pflanzenbeschaffung aus Madagaskar und deren biologischer Schutz vor Schädlingen, die Pflege von Tieren und Pflanzen oder die Statik der riesigen Halle. 1999 übernahm der stellvertretende Direktor Andreas Hohl die Projektleitung des Masoala Regenwaldes im Zoo Zürich. Das Team erweiterte sich dauernd. Roger Graf, Leiter der Zooinformation, leitete die Planung des Informationszentrums, das die thematische Verbindung zum Nationalpark herstellt und von Beat Fässler, Formwerk umgesetzt wurde. Der Zoo schätzt sich glücklich und ist dankbar, ein äusserst kreatives Team von Zoomitarbeitern und Externen an der Arbeit zu sehen, das dafür bürgt, dass der Masoala Regenwald ein Erfolg wurde und bleibt.

Die Partnerschaft des Zoo Zürich mit dem Masoala Nationalpark

Ziel des Zoo Zürich war es, eine enge Partnerschaft mit Organisationen aufzubauen, die sich konkret für die Erhaltung der Tierwelt im madagassischen Regenwald einsetzen und dort mithelfen, einen Lebensraum zu schützen. Über das in der Lemurenforschung stark engagierte Anthropologische Institut der Universität Zürich (Dr. Urs Thalmann) und den in Madagaskar engagierten WWF Schweiz sind wir auf das Projekt Masoala gestossen. Zusammen mit CARE International, den wissenschaftlichen Partnern Wildlife Conservation Society (WCS), Peregrine Fund und Mis-

Planergemeinschaft

Bosshard + Partner
Baurealisation AG, Max
Bosshard, Lukas Aeberhard,
Peter Zürcher, Daniel Oliva,
Gesamt- und Bauleitung

Gautschi – Storrer
Architekten, Christian
Gautschi, Bettina B. Storrer,
Architekt

Vogt Landschaftsarchitekten
AG, Dieter Kienast, Günther
Vogt, Michel van Haaften,
Landschaftsarchitekt

Minikus Witta Voss, Eduard
Witta, Roger Müller,
Bauingenieur

Getec AG, Heinz Rüeger,
Serge Lang, Haustechnik

Wichtigste Partner des Zoos in Madagaskar:

Ministère de l'Environnement
et des Eaux et Forêts
(Minister, Generalsekretäre
und Generaldirektoren)

Association Nationale de la
Gestion des Aires Protégées
(Noel-Baptiste
Randrianandianina und Guy
Suzon Ramagason)

Direction du Parc National
Masoala (Robert
Rajaonarison)

CARE International (Remko
Vonk, John Veerkamp und
Lisa Dean)

Wildlife Conservation
Society (Matthew Hatchwell,
Helen Crowley und James
MacKinnon)

Die ersten Pflanzen kommen in der Halle an.

Tourismus in Maroantsetra

Madagaskar ist eine Insel mit ausgezeichneten Tourismusdestinationen, aber ihr Potential ist noch nicht ausgeschöpft. Der Nordosten, das grüne Dreieck Maroantsetra – Mananara – Insel Sainte Marie hat eine überwältigende, faszinierende Flora und Fauna. Wir hoffen, dass dieser natürliche Reichtum den Tourismus in der Region von Maroantsetra attraktiv macht.
Es war für uns während vielen Jahren von Nachteil, dass keine Strassen vorhanden und die Flüge überbucht waren. Wenig Touristen fanden den Weg nach Maroantsetra und die Destination ist kaum bekannt. Als Präsident der Vereinigung des Maroantsetra Tourismus (MOTA) weiss ich aus erster Hand, welche Nachteile die mangelnde Infrastruktur für die Entwicklung des Tourismus bedeutet, aber wir lösen unsere Probleme schrittweise. Wir haben grosse Hoffnungen, dass das Masoala Regenwald Projekt mithilft, die Situation zu verbessern. Wir sind dankbar für den Einsatz, den die ANGAP, die WCS und der Zoo Zürich leisten, um Masoala bekannt zu machen und sind zuversichtlich, dass der Tourismus hier eine gute Zukunft hat. Wir freuen uns, einigen Lesern dieses Buches einmal zu begegnen und sie bald mit einem «Tonga Soa» in Maroantsetra begrüssen zu können.

Tsimanova Estan («Mr. Cyrille»): Präsident der MTOA

souri Botanical Gardens und der madagassischen Naturschutzbehörde ANGAP wurde der Nationalpark evaluiert, der schliesslich im Oktober 1997 feierlich eröffnet werden konnte.

Es kam dem Zoo Zürich sehr gelegen, dass das integrierte Naturschutz- und Entwicklungsprojekt der madagassischen Regierung für Masoala den Aufbau von Pflanzschulen vorsah, die später für die Nachzucht von Nutzpflanzen und Pflanzen für die Wiederaufforstung genutzt werden können. Die Regierung hat dem Zoo Zürich Gelände zur Verfügung gestellt, auf dem einheimische Pflanzen für den Masoala Regenwald in Zürich aufgezogen wurden. Der Zoo seinerseits hatte als Gegenleistung zugesagt, mitzuhelfen, das Know-how für die Pflanzschulen aufzubauen und in den Dörfern rund um den Nationalpark kleine Projekte zu unterstützen, die höhere Ernteerträge ermöglichen, zur Wiederaufforstung beitragen oder eine bessere Ausbildung der Kinder fördern. Für die Arbeit mit den Pflanzen arbeitet der Zoo sehr eng mit dem Silo Nationale des Graines Forestières (SNGF) zusammen. Dieses Referenzzentrum, primär für Nutzpflanzen konzipiert, wurde im Zusammenhang mit den Wiederaufforstungsprojekten und mit Hilfe der Schweizer Entwicklungshilfe in Madagaskar gegründet.

Der engste Partner des Zoos ist heute die Wildlife Conservation Society (WCS), früher bekannt unter dem Namen «New York Zoological Society». Diese Naturschutzorganisation betreut rund 280 Naturschutzprojekte in der ganzen Welt, führt die Zoologischen Gärten der Stadt New York und managt in Zusammenarbeit mit der madagassischen ANGAP den Nationalpark Masoala. WCS vertritt die Interessen des Zoo Zürich in Madagaskar und pflegt die Beziehungen zu den madagassischen Vertragspartnern, dem Ministerium des Eaux et Forêts und der ANGAP. Der Zoo ist sehr dankbar für die gute Zusammenarbeit, die mit diesen Organisationen und den Behörden aufgebaut werden konnte. Besonders erwähnt seien die Dörfer, in denen die Pflanzschulen des Zoos aufgebaut wurden: Tanambao und Andrakaraka, von dort sind die Pflanzen in die Halle gekommen.

Etappen des Masoala Regenwaldes

1991 Der Zoo Zürich erarbeitet ein neues Leitbild. Darin wird seine Entwicklung zum Naturschutzzentrum im Sinne der Welt-Zoo-Naturschutzstrategie festgehalten.

1992 Im Rahmen seiner Transformation zum Naturschutzzentrum erarbeitet der Zoo einen Entwicklungsplan, der unter dem Motto «Gleich viele Tiere, doppelte Fläche» steht. Ein Projekt zum Lebensraum Regenwald soll das zentrale Element dieses Plans sein.
Donator Dr. Hans Vontobel möchte mit einer grossen Schenkung ein Zeichen für die Kinder der Stadt Zürich setzen. Ausserdem soll durch seinen Beitrag eine naturnahe Begegnung von Mensch und Tier ermöglicht werden. Er unterstützt das Projekt entscheidend, stellt aber die Bedingung, dass es bis zum Jahr 2000 realisiert wird.

1993 Der Zoo stellt das Leitbild und den Masterplan den Zürcher Exekutiv-Behörden vor, die sich überzeugt hinter die Strategie stellen.
Im Oktober 1993 wird das Projekt am «5ème Sommet de la Francophonie» durch den schweizerischen Bundespräsidenten Adolf Ogi dem Präsidenten Madagaskars präsentiert. Daraufhin hat der Zoo Zürich die Gelegenheit, zusammen mit dem madagassischen Ministerium für Wasser und Wald eine Zusammenarbeitsvereinbarung auszuarbeiten und eine Partnerschaft aufzubauen.
Der Zoo erarbeitet einen Masterplan zur Realisierung des Masoala Regenwaldes sowie eine Machbarkeitsstudie, welche sowohl die ökologische als auch die ökonomische Durchführbarkeit bestätigt.

1994 Für die Realisierung des Masterplanes muss der Zoo den Behörden einen Gestaltungsplan und einen Umweltverträglichkeitsbericht vorlegen.
Diese dienen als Grundlage für das Subventionsgesuch und für die Volksabstimmung, bei welcher über die Übergabe des von Stadtpräsident Klöti 1930 für den Zoo erworbenen Reserve-Lands an den Zoo entschieden wird.
Der Zoo reicht sein Subventionsgesuch ein. Während die öffentliche Hand bereit ist, die Infrastrukturkosten für die Erschliessung des Zoos zu tragen, sollen Tieranlagen, wie auch der Masoala Regenwald, privat über Donatorengelder finanziert werden.
Die Grundlagen für den Vertrag zwischen dem Zoo und dem madagassischen Ministerium für Wasser und Wald werden unter Mithilfe eines Partners, der CARE International, festgelegt. Ziel des Projekts Masoala ist die Gründung eines Nationalparks in Madagaskar und der langfristige Schutz des dortigen Regenwaldes.

1995 Es entsteht eine Opposition des Architekturkollegiums der Stadt Zürich gegen den Standort der Masoala Ökosystemhalle auf der Klösterliwiese. Nach einer Begehung durch den Gesamtstadtrat entscheidet dieser, dem Zoo das Gelände der Schiessanlage Fluntern für die Halle zur Verfügung zu stellen. Es folgt eine Umplanung für den neuen Standort.
Der Zoo Zürich tritt auf Wunsch der madagassischen Partner der Madagaskar Fauna Group (MFG) bei. Diese Gruppierung von in Madagaskar engagierten Zoos und Universitätsinstituten unterstützt Programme zur Arterhaltung und zum Schutz von Lebensraum. Sie hilft vor allem bei der Führung der lokalen Zoos Tsimbazaza in Antananarivo und Ivoloina in Tamatave sowie im Naturschutzreservat Betampona. Dort werden in Zoos geborene Schwarzweisse Varis erfolgreich wieder angesiedelt.

1996 Der Gestaltungsplan, der Umweltverträglichkeitsbericht und das Subventionsgesuch werden erneut bearbeitet. Der Zürcher Gemeinderat und der Kantonsrat besuchen den Zoo. Sie genehmigen die Gestaltungspläne und beantragen den Räten, dem Stimmvolk die Subvention der Infrastruktur zu empfehlen.
Die Verträge mit dem madagassischen Ministerium für Wasser und Wald sowie mit CARE International werden unterzeichnet. Sie haben zum Ziel,

Bild Seite 118: Der Masoala Regenwald erscheint wie ein riesiges Zelt. Die Stahlkonstruktion trägt das lichtdurchlässige Foliendach, das ermöglicht, für die Tiere und Pflanzen ein entsprechendes tropisches Klima zu erreichen.

gemeinsam einen Beitrag zur Erhaltung der Artenvielfalt in Madagaskar zu leisten, indem die verschiedenen Organisationen Erfahrung und Know-how zur Verfügung stellen, um eine nachhaltige Nutzung der biologischen Ressourcen des Regenwaldes in den Pufferzonen des Nationalparks zu ermöglichen. Ein weiteres Ziel ist die Information der madagassischen und schweizerischen Bevölkerung über die Artenvielfalt und die ökologischen Zusammenhänge am Beispiel Masoalas.

1997 Die Subvention wird durch den Kantonsrat und das Volk in der Stadt Zürich genehmigt.
Eine Privatperson aus dem Klösterli-Quartier erhebt Einspruch gegen den Gestaltungsplan.
Ende Jahr zeigt sich, dass sich die vom Donator verlangte Eröffnung bis zum Jahr 2000 nicht realisieren lässt.
Er ist bereit, seine Frist bis Mitte 2003 zu erstrecken.
Der Nationalpark Masoala wird durch ein Dekret des madagassischen Präsidenten gegründet.

1998 Die Einsprache der Privatperson aus dem Klösterli-Quartier wird durch den Regierungsrat und das Verwaltungsgericht abgewiesen.
Erste Pflanzen für den Masoala Regenwald werden aus den zooeigenen Pflanzschulen Madagaskars geliefert.

1999 Nach über einem Jahr Bearbeitungszeit wird der Rekurs der Privatperson durch das Bundesgericht definitiv abgewiesen.
Der Gestaltungsplan wird damit rechtskräftig.
Die Stadt Zürich erteilt die Baubewilligung für den Masoala Regenwald, wogegen der Verkehrs-Club der Schweiz (VCS) Einspruch erhebt.

2000 Aufgrund von Zusagen der Verkehrsbetriebe der Stadt Zürich, die Verlängerung der Tram-Verbindung bis zum Masoala Regenwald zu prüfen, zieht der VCS die Einsprache zurück.
Auf dem Bauplatz gefundene Altlasten des Schiessplatzes werden durch die Stadt Zürich beseitigt. Dabei kommt eine Bauschuttdeponie zum Vorschein. Die Sanierung des Geländes kann im März 2001 abgeschlossen werden.
CARE International beginnt, sich aus Masoala zurückzuziehen. Der Zoo wird fortan durch die Wildlife Conservation Society (WCS) vertreten, die zusammen mit der madagassischen Naturschutzbehörde ANGAP den Nationalpark Masoala betreibt.
Nach dem Wirbelsturm «Hudah» muss die zerstörte Pflanzschule des Zoos in Madagaskar wieder aufgebaut werden.

2001 Der Spatenstich zum Bau des Masoala Regenwaldes findet im März statt. Es folgen Aushub- und Baumeisterarbeiten; erste Stahlträger werden im Dezember gesetzt.

2002 Die Stahlkonstruktion und die Hülle werden Mitte Juni fertiggestellt. Trotz Hindernissen, wie die Beschädigung des Hallendaches durch Hagelschlag am 24. Juni, kann der Schlusstermin für den Bau eingehalten werden. Im November wird mit der Bepflanzung der Halle begonnen.
In Madagaskar finden im Nachgang zu den Präsidentschaftswahlen vom Dezember 2001 Kämpfe statt.

2003 Innenausbau und alle Teile des Baus werden fertiggestellt. Anfang Mai ziehen die ersten Tiere in die Ökosystemhalle ein.
Am 29. Juni wird der Masoala Regenwald durch Bundesrat Moritz Leuenberger im Beisein einer Delegation aus Madagaskar unter der Leitung des Ministers für Umwelt, Wald und Wasser, Charles Sylvain Rabotoarison, feierlich eröffnet.

Bild Seite 121: Am 29. Juni 2003 wird das Band zur Eröffnung des Masoala Regenwaldes im Zoo Zürich durchschnitten. V.l.n.r. Dr. Alex Rübel, Direktor Zoo Zürich, Charles Sylvain Rabotoarison, Minister für Umwelt, Wald und Wasser von Madagaskar, Dr. Hans Vontobel, Donator, Moritz Leuenberger, Bundesrat der Schweiz, Rolf Balsiger, Zoopräsident.

Vision für die Zukunft

Matthew Hatchwell

Masoala und der Nationalparkservice (ANGAP)

Das Ziel der ANGAP, der Institution, die die geschützten Gebiete in Madagaskar bewirtschaftet, ist es «ein Netzwerk von Nationalparks und Reservaten einzurichten, zu bewahren und zu betreiben, das repräsentativ ist für die Artenvielfalt und die Natur dieses Landes». Unter den heute 18 existierenden Nationalparks spielt Masoala eine grundlegende Rolle, um dieses wichtige Ziel zu erreichen.
Die Masoala Region ist dafür bekannt, dass sie die grösste Artenvielfalt der Pflanzen im Land aufweist und viele Taxa von Tieren und Pflanzen, die dort endemisch sind.
Die Bewirtschaftung Masoalas ist schwierig, weil es der grösste Nationalpark im Land ist und terrestrische und marine Zonen aufweist. Auf der Masoala Halbinsel finden wir noch ursprünglichen Regenwald von der Küste bis in die Bergspitzen.

Bild Seite 122: Der Dorfschreiber von Sahafary braucht ein Bananenblatt als Regenschirm. Bananenblätter werden auch als Teller und Tassen bei Dorffesten gebraucht.

Das Management und die Mitarbeiter des Masoala Nationalparks arbeiten heute unter der Anleitung der Betriebsgemeinschaft der ANGAP und der Wildlife Conservation Society. Dazu kommt die internationale Partnerschaft mit dem Zoo Zürich. So kann festgestellt werden, dass der Masoala Nationalpark mindestens kurzfristig vor weiterer Zerstörung und Ausbeutung geschützt ist. Die grosse Herausforderung liegt jetzt darin, das langfristige Überleben des Parks unter Einschluss der weiteren Umgebung zu sichern. Es gilt, den Ökotourismus zu fördern als eine der Möglichkeiten, den Dörfern rund um den Park zu dringend benötigten Einnahmen zu verhelfen. Es gilt, *tavy* zu vermindern, das droht, den Park zu einer Insel in einer kahlen Landschaft werden zu lassen. Dazu ist es notwendig, eine Waldbrücke zwischen der Masoala Halbinsel und der Hauptinsel Madagaskars zu erhalten. Es gilt, der Übernutzung der marinen Ressourcen Einhalt zu gebieten, welche ein wichtiger Faktor ist für den Druck auf die erdgebundenen Ökosysteme Masoalas. Und das allerwichtigste, es gilt, Mechanismen zur Langzeitfinanzierung des Parks und zur Fortführung seiner Naturschutzprogramme zu entwickeln. Dies ist unausweichlich in einem Land, das nicht einmal die Grundschule und einen Gesundheitsdienst für seine Bevölkerung finanzieren kann.

Der Ökotourismus

Die internationale Naturschutzunion IUCN schätzt, dass mehr als 55% aller Touristen weltweit Naturreservate besuchen. Auch für Madagaskar besteht hier ein grosses Potential. Die Zahl der Ökotouristen stieg seit der Gründung des Nationalparks ständig an. Die Hauptattraktion war bis heute die pittoreske Insel Nosy Mangabe, die mit dem Boot von Maroantsetra leicht erreichbar ist. Dort hat es ein gutes Wegsystem, man hat gute Chancen, Tiere zu sehen, und es hat schöne Campingmöglichkeiten direkt am Strand. Die Bucht von Antongil wird immer populärer, um Wale zu beobachten während deren Fortpflanzungszeit im Juli und August. Auf der Masola Halbinsel sind soeben neue Wege und Campingplätze gebaut worden, um die grösser werdende Zahl von Touristen, die den ursprünglichen Regenwald des Nationalparks und die drei marinen Parks in Tanjona, Cap Masoala und Tampolo besuchen wollen,

Masoala ist auch einer der jüngsten Parks des Landes. Wenn einmal die Infrastruktur und das Management aufgebaut sind, um seinen langfristigen Erfolg zu sichern, wird er sicher einer der Schwerpunkte des Nationalparksystems bleiben.

Ramangoson Guy Suzon, Generaldirektor der ANGAP

zu beherbergen. Der Küstenwald von Andranoanala in der Nähe von Cap Est hat ein neues Wegsystem und kann von Antalaha her auf der Strasse erreicht werden. Die Hauptattraktion in Andranoanala sind die sehr seltene Masoala Kannenpflanze, die Wasservögel, Lemuren und Krokodile. Cap Est hat wunderbare einsame Strände und ein Korallenriff, das sich zum Schnorcheln eignet. In Antalaha und Maroantsetra gibt es Unterkünfte für jedes Budget bis zu Hotels, die einen internationalen Standard anbieten.

Der Tourismus bringt Geld in die lokale Ökonomie Masoalas. Allerdings gilt es zu beachten, dass ein unkontrollierter Tourismus ungewollte Auswirkungen auf die Umwelt haben und soziale Probleme in der einheimischen Gesellschaft verursachen kann. Eines der Ziele des Nationalparks in den kommenden Jahren ist es deshalb, eng mit den privaten Unternehmern zusammenzuarbeiten, um sicherzustellen, dass die Entwicklung wirklich hin zum Ökotourismus geht. Definitionsgemäss soll dieser wenig Einfluss auf die Umwelt nehmen und sowohl für den Naturschutz, als auch für das Leben der Einheimischen, konkrete Vorteile bringen. In Madagaskar, wo die Parkeintrittsgebühren gleichmässig zwischen der ANGAP und den lokalen Gemeinden aufgeteilt werden, kann man argumentieren, dass man bereits durch den Besuch eines Nationalparks zu einem Ökotourist wird. Besucher von Masoala müssen einen lokalen Führer anstellen, dessen Einkommen in die Region fliesst. Dazu gibt es immer mehr lokale Produkte als Souvenirs zu kaufen. Neue private Gästehäuser sind entlang der einzelnen Touristenstrecken entstanden. Sobald Land gefunden ist, wird in Maroantsetra in den Jahren 2004–2005 ein Nationalpark-Besucherzentrum gebaut. Aber auch wenn als Folge der Eröffnung des Masoala Regenwaldes in Zürich der Tourismus zunimmt, ist es sehr wichtig, dass auch die Parkbesucher sich bemühen, einen qualitativ hohen und ethischen Tourismus zu bevorzugen und die Verhaltensregeln zu befolgen, zu denen sich die lokalen Tourismusorganisationen als Basis der Entwicklung in der Region verpflichtet haben.

Tavy, savoka-Gärten und die Permakultur

Tavy bleibt die grösste Bedrohung der Wälder Masoalas und des Ostens von Madagaskar. In den 150 Jahren, seit festgestellt wurde, dass diese Art der Landwirtschaft landschaftszerstörerisch wirkt, ist es nicht gelungen, nachhaltigere Techniken zur Bewirtschaftung der Felder einzuführen. Die Parkangestellten arbeiten eng mit anderen Partnern zusammen, um die Pflanzungen zu diversifizieren und um in bestehenden Feldern die Produktion zu erhöhen, damit die Notwendigkeit zurückgeht, neue Waldpartien abzuholzen, weil der Boden ausgelaugt ist. Diese Techniken werden unter dem Namen Permakultur zusammengefasst und sind

Cap Est ist der östlichste Punkt Madagaskars. Von seinen ruhigen Stränden sind es nur ein paar Minuten zum überfluteten, ursprünglichen Küstenwald.

in Masoala als *savoka*-Gärten bekannt. *Savoka* wird das Land genannt, das mit *Tavy* abgeholzt wurde. Es wäre naiv zu denken, *tavy*, das sich als Teil der Betsimisaraka-Kultur entwickelt hat, liesse sich aus Masoala so einfach verdrängen. Zu viele sind schon daran gescheitert. Im Speziellen muss sich die Permakultur-Landwirtschaft in Masoala direkt oder indirekt der unermesslichen madagassischen Begeisterung für Reis anpassen. Dank der engen Zusammenarbeit mit dem Forstdepartement, den lokalen Gemeinden, den Entwicklungshilfeorganisationen besteht aber Zuversicht, dass sich die *tavy*-Rate rund um den Park in den kommenden Jahren vermindern lässt.

Ökologische Verbindungen, der MAAM-Korridor und das Makira-Plateau

Tavy unter Kontrolle zu bringen, ist auch der Schlüssel um die ökologische Verbindung zwischen Masoala und dem nächstgelegenen grossen Waldgebiet auf dem östlichen Festland, dem Makira-Plateau zu erhalten (zusammengehalten durch den MAAM-Korridor, weil die Wälder von Ankarahaka und Anjanaharibe zwischen Masoala und Makira liegen). Es ist heute klar, dass Makira ein eigenes wichtiges Gebiet für den Naturschutz darstellt. Makira liegt am Übergang der Waldzonen des Nordens, des Südens und des Ostens und wird durch den grossen Antanambalaina-Fluss zweigeteilt. So gibt es beispielsweise auf den beiden Seiten unterschiedliche Arten der Lemuren. Geht die Verbindung von Makira zu Masoala verloren, würde ein irreversibler Prozess in Gang gesetzt, der Masoala und die anderen geschützten Gebiete zu voneinander getrennten Inseln machen würde, dazwischen die abgeholzte Landschaft. Damit würde sich auch der ursprünglich über die ganze Ostküste Madagaskars hinziehende Regenwald in eine Serie einzelner Fragmente auflösen. Die Wildlife Conservation Society und ihre Partner (andere Naturschutzorganisationen wie Conservation International und World Wide Fund for Nature) versuchen, diesem Teilungsprozess durch den Schutz eines bogenförmigen Waldkorridors Masoala-Makira vom Osten über den Norden zum Westen der Bucht von Antongil Einhalt zu gebieten.

Die Bucht von Antongil und das Makira-Plateau, wie sie sich heute aus der Luft präsentiert.

Das integrierte Küstenzonenmanagement in der Bucht von Antongil

Naturschutzaktivitäten sind heute in den Wäldern von Masoala und Makira im Gang. Es gilt nun noch das fehlende Stück in diesem Puzzle, die Bucht von Antongil selbst zu schützen, wo die Übernutzung der marinen Ressourcen die Bedrohung des Masoala Waldes erhöhen könnte. Die Bucht ist ein eigener, ökologisch wichtiger Lebensraum als Brutstätte für Buckelwale, Hammerhaie, Garnelen und eines der letzten Refugien

In der Bucht von Antongil vermehren sich die Hammerhaie *(Sphyrna mokkaran)*, was sie für die Fischer sehr attraktiv macht. Junge Haie, die aus den Bäuchen der Mütter herausgeschnitten werden, sieht man häufig auf dem Markt von Maroantsetra.

für den Dugong. Weil aber die Endemie im Meer geringer ist als an Land, müssen Naturschutzkonzepte für die Küste weniger Rücksicht auf die Arterhaltung nehmen und können eine etwas grössere Nutzung der Meeres-Ressourcen durch die Einheimischen (z.B. durch Fischen) erlauben, als für das terrestrische Ökosystem, welches auch weniger tolerant ist gegenüber den menschlichen Einflüssen als das marine.

Das integrierte Küstenzonenmanagement in der Bucht von Antongil bringt die einheimische Bevölkerung an den gleichen Tisch wie die industriellen Fischer, den Nationalpark, die lokalen und nationalen Behörden. Ziel der Diskussionen ist eine Rahmenvereinbarung für die nachhaltige Bewirtschaftung der Bucht in einer Art, die die Interessen aller berücksichtigt – die Wale und Dugongs eingeschlossen! Die Garnelenindustrie in Madagaskar hat sich prinzipiell einverstanden erklärt, Geld in einen Fonds für das naturnahe Management der Ressourcen einzuzahlen, dies als Gegenleistung für den «Ökosystem-Service», von dem ihre Gewinne abhängig sind. In der Bucht von Antongil sind es die Mangroven und die Flussdeltas, die für die Produktion der Garnelen notwendig sind. Diese Gelder können eingesetzt werden, um die lokalen Fischer für ihren Verzicht zu entschädigen, den sie durch die Bewahrung der Funktionen solch wichtiger ökologischer Systeme wie der Wälder leisten.

Die langfristige Finanzierung des Naturschutzes
Zahlungen für einen Ökosystem-Service sind ein gutes Beispiel für die Art nachhaltiger langfristiger Finanzierungsmechanismen für das Überleben des Masoala Nationalparks und seiner Umgebung. Für die vorhersehbare Zukunft werden Länder wie Madagaskar ohne fremde Hilfe nicht in der Lage sein, die Aktivitäten für den Naturschutz und die nachhaltige Entwicklung, wie sie hier beschrieben sind, zu bezahlen. In der Vergangenheit kam eine solche Hilfe typischerweise von grossen internationalen Geldgebern wie der Weltbank, der Europäischen Union oder von USAID für ein Projekt von jeweils drei bis fünf Jahren. Auch wenn diese Gelder dringend nötig sind, ist eine solche Finanzierung nicht nachhaltig, als Darlehen manchmal auf die Länge sogar kontraproduktiv. Deshalb müssen die heutigen Verantwortlichen des Nationalparks mit Phantasie nach neuen Formen suchen, die die Finanzierung des Managements der natürlichen Ressourcen an Orten wie dem Masoala Nationalpark langfristig sicherstellen. Zahlungen für einen «Ökosystem-Service» durch industrielle Fischer, Holzwirtschaft, Ökotourismus-Anbieter oder Reisbauern, die flussabwärts von wasserhaltenden Wäldern anbauen, können einen Ansatzpunkt darstellen. Ein anderer könnte der entstehende Markt für Kohlenstoff sein, entweder durch Zahlungen einzelner Staaten für den Schutz des

Das Räuchern der Fische ermöglicht es der Bevölkerung der Halbinsel Masoala, diese so zu konservieren, dass sie auf dem Markt in Antalaha oder Maroantsetra verkauft werden können.

gebundenen Kohlenstoffs in den geschützten Reservaten wie dem Masoala Nationalpark oder durch Gelder, die gegeben werden, wenn kahle Landschaft wieder aufgeforstet wird oder sogar, wenn die Abholzung eingedämmt wird. Eine noch effizientere Strategie wäre die Zustimmung der entwickelten Welt zu einem Mechanismus (wie der vom Ökonomen und Nobelpreisträger James Tobin vor 20 Jahren vorgeschlagenen Tobin-Steuer auf spekulativen internationalen Finanztransaktionen), der Ländern wie Madagaskar jedes Jahr einen Anteil Billionen von Dollars für Entwicklungs- und Naturschutzaktivitäten zur Verfügung stellen würde.

Es ist unrealistisch zu glauben, dass Zahlungen für einen «Ökosystem-Service», Kohlenstoff-Kredite und die Tobin-Steuer Mechanismen sind, die Finanzen in einer Grössenordnung zur Verfügung stellen können, wie sie ein Masoala Nationalpark braucht. Bei den heutigen Preisen kostet das Parkmanagement jährlich etwa $ 400000, was einem Grundkapital von $ 8 Millionen entspricht, wenn man vom traditionellen Ansatz einer langfristigen Stiftung ausgeht. Solche Gelder sind schwierig zu beschaffen. Unter diesen Umständen hat der Masoala Regenwald im Zoo Zürich für den Naturschutz in Madagaskar eine besondere Bedeutung. Er wird mithelfen, die Probleme der längerfristigen Finanzierung auf verschiedenen konkreten Wegen anzugehen.

Die Masoala-Zoo Zürich-Partnerschaft
Neben dieser auf zehn Jahre befristeten Unterstützung der Mikroprojekte, die der Zoo Zürich dem Park seit 1997 gewährt, wird diese Partnerschaft dem Nationalpark weitere langfristige Vorteile sichern. Das Wichtigste ist dabei der Beitrag zum jährlichen Betriebsbudget des Nationalparks und der Aufbau eines Fonds, um diesen Beitrag langfristig zu sichern mit Mitteln, die im Masoala Regenwald in Zürich gesammelt werden. Dies ermöglicht den Naturschutzbehörden in Ländern wie Madagaskar, die restlichen Mittel aufzutreiben und so wertvolle Gebiete wie Masoala zu erhalten und zu betreiben. Denn selbst in den populärsten Reservaten reichen die Einnahmen durch den Tourismus kaum aus, um diese zu erhalten. Deshalb ist die Unterstützung des Zoo Zürich für den Masoala Regenwald ein nachahmenswertes Beispiel für andere Zoos weltweit.

Die Parkverantwortlichen erwarten auch, dass der Masoala Regenwald in Zürich mehr Europäer dazu inspiriert, Madagaskar zu besuchen. Touristen helfen nicht nur durch den Parkeintritt, sie helfen auch indirekt der lokalen und nationalen Ökonomie durch den Konsum von Hotel-, Restaurants-, Führer- und anderen Leistungen. Es wird einerseits die Aufgabe der Touristen selbst sein, andererseits aber auch der Parkverantwortlichen und der lokalen Unternehmer und Behörden, sicherzustellen, dass die Vorteile der Geld bringenden Besucher die nachteiligen Folgen des Tourismus überwiegen. Ein Weg, dieses Ziel zu erreichen, ist die genaue Befolgung eines ökologisch vertretbaren Tourismus, was voraussetzt, dass ein möglichst grosser Teil der Reisekosten in der Region des Nationalparks bleibt und die Wirtschaft belebt. Wenn die lokale Bevölkerung aber sehen sollte, dass die Profite aus einem verstärkten Tourismus in den Händen einiger weniger Reiseveranstalter bleiben, werden die Vorteile des Tourismus, nämlich zu zeigen, dass der intakte Wald und die gesunden marinen Ökosysteme einen Eigenwert haben, für sie völlig uninteressant.

Der Masoala Regenwald in Zürich wird auch über den Verkauf von madagassischer Handarbeit im Zooshop zur Ökonomie der Region Masoalas beitragen.

Ein weiterer Vorteil der Partnerschaft mit dem Zoo Zürich ist die Möglichkeit, kleine Entwicklungsprojekte rund um den Park zu realisieren. Gezielte Gesundheits-, Schul- und Infrastrukturprojekte sind dringend nötig, um die notwendigsten Bedürfnisse der Einwohner der Halbinsel Masoala zu befriedigen. Die Einbindung des Zoos hat bereits weitere universitäre und nichtstaatliche Institutionen für die Entwicklung Masoalas interessiert. Es ist zu hoffen, dass sich dieses Interesse zukünftig in konkrete Entwicklungsprogramme umsetzen lässt, die in Zusammenarbeit mit den Naturschützern dazu führen, dass sich die wirtschaftliche Seite der Bevölkerung verbessert, ohne dass ein noch grösserer Duck auf die Umwelt entsteht.

Der Masoala Regenwald in Zürich wird in Europa ein Schaufenster für Masoala und Madagaskar werden mit der Möglichkeit, eine grosse Gruppe Freunde sowie neue Unterstützung zu gewinnen. Die Besucher im Zoo können ihre Adresse auf den Computer-Terminals im Zoo hinterlassen und werden dann über die weitere Entwicklung auf Masoala orientiert. Wir hoffen auch, dass die wachsende Schar von Besuchern des Nationalparks aus der Schweiz und anderen Ländern, die Masoala aus erster Hand kennen lernen, eine neue Gruppe von Freunden bildet, die zu einer wertvollen Quelle langfristiger Mittel für den Nationalpark werden.

Ein etwas weniger offensichtlicher Vorteil für Madagaskar ist die neue Ausrichtung der Tieranlagen in Zoos. In Zürich wird der Mensch, wie der Einwohner Masoalas, Teil dieser Anlage. Fussspuren im Wald, am Flussufer hochgezogene Einbäume, ein kleines Wohnhaus mit Garten am Wegrand sind alles kleine Zeichen, dass die Menschen überall auf der Welt Teil des Regenwaldes sind. Es ist klar, dass der Einfluss des Menschen in Masoala enorm zerstörerisch wirkt. Menschen leben heute in jedem Winkel dieser Erde und werden sich aus diesen Winkeln kaum zurückziehen, wenn sich die Bevölkerung weiter vermehrt. Langzeitnaturschutzprojekte wie Masoala müssen die Anwesenheit des Menschen in die Strategie miteinbeziehen und neben den Aktivitäten zum Schutz der Natur auch Entwicklungsaspekte berücksichtigen. Es ist den Naturschützern bis heute nicht gelungen, zu zeigen, wie sehr die Erhaltung der Biodiversität von der Art und Weise der Menschen, zu leben, abhängig ist. Der Masoala Regenwald in Zürich zeigt ganz subtil, dass der Naturschutz und die Bekämpfung der Armut in Ländern wie Madagaskar zwei Seiten der gleichen Münze darstellen, und trägt so zur Sensibilisierung bei. Versuchen wir dagegen nur den einen Aspekt anzugehen, werden beide scheitern, mit unvorhersehbaren Folgen für uns alle.

Eines der wichtigsten Charakteristika des Masoala Regenwaldes in Zürich ist aus der Sicht der Naturschutz- und Zooverantwortlichen, dass durch eine solche Zusammenarbeit zwischen einem Zoo in der entwickelten Welt und einem Nationalpark viele tausend Kilometer weit weg in einem der ärmsten Länder eine Beziehung aufgebaut werden kann, wie sie bis heute einmalig ist. Die Partnerschaft Masoala-Zürich zeigt insbesondere, dass Teillösungen möglich sind für die Bewältigung zweier konkreter Naturschutzprobleme: Erstens, wie eine langfristige Finanzierung für Naturschutzprojekte in Ländern wie Madagaskar organisiert werden kann und zweitens, wie Zoos in Europa, Nordamerika und anderswo ihren direkten, nachvollziehbaren und messbaren Beitrag zur Erhaltung der Natur leisten können. Zoos müssen weiterhin attraktive Erholungsorte für ihre Besucher in den Städten bleiben. Sie haben weiterhin eine Rolle in der Umwelterziehung. Aber die Erfahrung mit Masoala zeigt, dass sie ebenso starke Partner sind zur Erhaltung der Biodiversität und zur Förderung einer nachhaltigen Entwicklung, die damit einhergehen muss an einem so wunderbaren Ort in einem fernen Winkel dieser Welt, in Madagaskar.

Bild Seite 133: Zahlungen der industriellen Fischer an die Einheimischen für ihren «Ökosystem-Service», den sie erbringen, indem sie die Mangroven schützen und die Fischschutzzonen in den Flüssen während der Crevettenzuchtsaison einhalten, tragen zum Naturschutz rund um die Bucht von Antongil bei.

Über die Autoren

Alex Rübel
Dr. med. vet. Alex Rübel ist Direktor des Zoo Zürich seit 1991. Im Rahmen eines neuen Leitbilds hat er im Zoo verschiedene neue Anlagen im Hinblick auf die Naturschutzstrategie der Zoos umgesetzt. 1980–1991 arbeitete er als Tierarzt und promovierte 1986 als Dr. med. vet. an der Klinik für Zoo-, Heim- und Wildtiere der Universität Zürich. Von 2001–2003 präsidierte er den Weltverband der Zoos und Aquarien (WAZA).

Matthew Hatchwell
Matthew Hatchwell arbeitet seit 1986 für die Wildlife Conservation Society. Seine frühere Tätigkeit als Buchantiquar weckte sein Interesse für menschliche und geschichtliche Aspekte, wie wir sie auch in Masoala finden. Heute ist er der WCS Verantwortliche für Europa, vorher war er von 1996–2002 Direktor des Programms der WCS in Madagaskar und von 1996–1999 technischer Naturschutzberater des Masoala Nationalparks und Hauptautor des Masoala Management Plans. Unter seiner Führung entwickelte die WCS ein breit angelegtes Programm verschiedener Naturschutzprojekte im ganzen Land.

James L. MacKinnon
James MacKinnon ist seit Januar 2001 der technische Naturschutzberater der Wildlife Conservation Society für den Masoala Nationalpark. WCS teilt die Verantwortung für das Management des Masoala Nationalparks mit der madagassischen Naturschutzbehörde ANGAP. James arbeitet im Masoala Tagesbetrieb eng mit den ANGAP Mitarbeitern zusammen. Als ausgebildeter Ökologe kam James nach Madagaskar, um die Rolle der Flughunde bei der Verbreitung der Samen und für die Befruchtung zu studieren und den Einfluss der Jagd auf die Flughundpopulationen. 1999 verlieh ihm die Universität von Schottland in Aberdeen den Titel eines PhD in Zoologie.

Priska Ketterer
Priska Ketterer, Luzern. Seit 15 Jahren als freie Fotografin tätig, Schwerpunkt Menschen. Eher zufällig 1996 zum ersten Mal in Masoala und im Regenwald, hat sie nicht nur die Pflanzenwelt, der Reichtum an Geräuschen, Gerüchen und Farben, sondern auch die Liebenswürdigkeit aller Bewohner bezaubert und zum mehrmaligen Wiederkommen bewogen.

Bild Seite 134:
Mondaufgang über Masoala.

Danksagung

Wir danken Seiner Exzellenz, Marc Ravalomanana, Präsident der Republik Madagaskar, für sein Vorwort zum Buch und der Foiben-Taosarintanin'i Madagasikara (FTM) für die Abdruckrechte der Karten von Madagaskar und der Region um die Bucht von Antongil.

Ein spezieller Dank gebührt auch den Experten für die kritische Durchsicht von Teilen des Manuskripts, so den Anthropologen Margaret «Lou» Brown und Eva Keller, die beide für ihren PhD in der Masoala Region arbeiteten, dem Archäologen Henry Wright von der Universität von Michigan und dem niederländischen Historiker Menno Leenstra.

Für verschiedene Fotografien danken wir Jürg Brand (S. 40), Howard C. Rosenbaum (S. 39 und 42), Othmar Röthlin (S. 118), Christian Gautschi (S. 113), Günther Vogt (S. 114), Jacques Descloitres, MODIS Land Rapid Response Team at NASA GSFC (S. 89, 126); David Haring (S. 33 links), Hervé Bakarizafy (S. 92), Urs Baptista (S. 121), Herrn Paul Brühwiler für das Layout des Buchs; Frau Dr. Verena Germann, Martina Hatchwell und Mireille Baumgartner für das Lektorat der Versionen Deutsch, Englisch und Französisch und dem Th. Gut Verlag für die gelungene Ausstattung.

Zuletzt danken wir den vielen tausend Leuten in Madagaskar, in der Schweiz und in der weiten Welt, ohne die der Masoala Nationalpark nicht gegründet und der Masoala Regenwald in Zürich nicht gebaut worden wäre. Wir danken Kollegen, Einheimischen, Planern, Bauarbeitern, Behördenmitgliedern, Diplomaten und den hier nicht erwähnten, die mit grossen und kleinen Einsätzen zu diesem Projekt beigetragen haben. Die Partnerschaft zwischen dem Zoo Zürich, der Wildlife Conservation Society und dem Masoala Nationalpark hat erst begonnen und ist weiterhin abhängig vom – meist freiwilligen – Einsatz, der Unterstützung und den Beiträgen dieser Personen.

Abkürzungen

ANGAP	Association Nationale de la Gestion des Aires Protégées de Madagascar
CARE International	Amerikanische Entwicklungs-Nichtregierungsorganisation
CBSG	Conservation Breeding Specialist Group
INEP	Integriertes Naturschutz- und Entwicklungsprojekt
IUCN	International Union for the Conservation of Nature and Natural Resources (the World Conservation Union)
MGB	Missouri Botanical Garden
MEF	Ministère des Eaux et Forêts, Madagascar
USAID	United States Agency for International Development
WCS	Wildlife Conservation Society

Bild Seite 136: Transport auf dem Iagnobe; die madagassische Wirtschaft ist noch nicht soweit, dass die Regierung die vollen Kosten für die Bewirtschaftung eines Nationalparks übernehmen kann. Internationale Unterstützung der einen oder anderen Art ist nötig.

Quellen und weiterführende Literatur

Es gibt für Interessierte heute relativ viel Literatur über Madagaskar. Hier sollen nur die Quellen und einige ausgewählte Bücher erwähnt werden. Besonders im französischen Sprachbereich gibt es noch viele Bücher. Die mit einem Sternchen markierten Bücher sind im Text zitiert und mögen von Interesse für den Spezialisten sein.

* Balmford, A., et al. 2002. Economic Reasons for Conserving Wild Nature. Science 297, 950–953.

Benyowski, M. A, Count de. 1904. Memoirs and Travels. Edited by Captain S. Pasfield Oliver. Kegan, Paul, Trench, Trubner and Co. London.

Bittner, A., editor. 1992. Madagaskar: Mensch und Natur im Konflikt. Birkhäuser Verlag, Basel, Boston, Berlin.

Bradt, H. 2002. Madagascar: the Bradt Travel Guide. Seventh edition. London.

Brown, M. 1995. A History of Madagascar. Damien Tunnicliffe. UK.

Brown, M. L. 2003. Reclaiming Lost Ancestors and Acknowledging Slave Descent: Insights from Madagascar. Forthcoming in Comparative Studies in Society and History.

Dahl, Ø. 1999. Meanings in Madagascar: Cases of Intercultural Communication. Bergin & Hervey, Westport Connecticut and London.

Dransfield, J., and Beentje, H. 1995. The Palms of Madagascar. Kew: Royal Botanical Gardens and International Palm Society.

Du Puy, D., et al. 1999. The Orchids of Madagascar. Kew: Royal Botanical Gardens.

Fitzpatrick, M., et al. 2001. Madagascar: tradewinds, taboos and traditions. Fourth edition. Lonely Planet.

Garbutt, N. 1999. Mammals of Madagascar. Pica Press, The Banks, Mountfield, East Sussex.

Glaw, F., and Vences, M. 1992. A Field Guide to the Amphibians and Reptiles of Madagascar. Vences & Glaw. Cologne.

Grandidier, A. 1875. Histoire physique, naturelle et politique de Madagascar. Imprimerie Nationale. Paris.

Grandidier, A: 1903. Collection des Ouvrages Anciens Concernant Madagascar. Paris.

Harpet, C. 2000. Le Lémurien: du sacré et de la malédiction. L'Harmattan. Paris.

Henkel, F-W., et al. 2000. Amphibians and Reptiles of Madagascar, the Mascarenes, the Seychelles, and the Comoro Islands. Krieger Publishing Co. Florida.

Heying, H. E. 2002. Antipode: Seasons with the Extraordinary Wildlife and Culture of Madagascar. St. Martin's Press. New York.

* IUCN. 2002. World Conservation – Celebrating Diversity. IUCN Bulletin 2.

* Kremen, C., Razafimahatratra V., Guillery P., Rakotomalala J., Weiss A. & Ratsisompatrarivo, J-S. 1999. Designing the Masoala National Park in Madagascar Based on Biological and Socioeconomic Data. Conservation Biology, Vol 13, No. 5, pp 1055–1068.

Langrand O. & Bretagnole V. 1990. Guide to the Birds of Madagascar. Yale University Press. New Haven and London.

Langrand O. & Bretagnolle V. 1995. Guide des Oiseaux de Madagascar. Delacheux et Niestlé S.A., Lausanne.

Mack, J. 1986. Madagascar: Island of the Ancestors. British Museum, London.

Mittermeier R.A., Tattersall I., Konstant W.R., Meyers D.M., Mast R.B. & Nash S.D. 1994. Lemurs of Madagascar. Conservation International, Washington D.C.

Mittermeier, R.A., Myers, N., Gil, P.R. and Goetsch Mittermeier, R. 1999. Hotspots – Earth's Biologically Richest and Most Endangered Terrestrial Ecoregions. Cemex S.A.. Mexico.

Morris, P., and Hawkins, F. 1998. Birds of Madagascar: a Photographic Guide. Yale University Press. New Haven and London.

Nicoll, M. E., and Langrand, O. 1989. Madagascar: Revue de la Conservation et des Aires Protégées. WWF International.

* Petit, M. 1968. Les Zafirabay de la Baie d'Antongil. Annales de l'Université de Madagascar. Antananarivo.

Quammen, D. 1996. The Song of the Dodo: Island Biogeography in an Age of Extinctions. Hutchinson. London.

Shafer, C.L. 1990. Nature Reserves: Island Theory and Conservation Practice. Smithsonian Institution Press. Washington and London.

Soulé, M.E. 1980. Conservation Biology: an Evolutionary – Ecological Perspective. Sinauer Associates, Sunderland. Massachusetts.

Tattersall, Ian. 1982. The Primates of Madagascar. Columbia University Press. New York.

Tyson, P. 2000. The Eighth Continent: Life, Death and Discovery in the Lost World of Madagascar. William Morrow. New York.

* Wright, H. T. 1999. Early Human Impact on a Forest in Northeastern Madagascar: Note on an Archeological Sounding on Nosy Mangabe. Manuscript on file at the Musée d'Art et d'Archéologie, Antananarivo.

Willkommen im Masoala Nationalpark!

Ein Besuch des Nationalparks Masoala ist immer noch ein Abenteuer und vorläufig noch ein Besuch in einem der unberührtesten Flecken unserer Erde. Bester Start zu einer Masoala Expedition ist Maroantsetra, eine kleine Stadt am Innenrand der Bucht von Antongil, die saubere Lodges zu unterschiedlichen Preisen anbietet. Dort können Führer und Boote gemietet werden für Fahrten auf die Aye Aye-Insel Nosy Mangabe und an die Küste der Masoala Halbinsel, wo faszinierende Korallenriffe bei Tampolo erschnorchelt werden können oder eine Expedition ins Innere der Halbinsel beginnt.

Wie im Regenwald üblich, muss jederzeit mit Regen gerechnet werden, auch wenn es zwischen Mitte September und Anfang Dezember trockener ist als für den Rest des Jahres. Die Zyklonsaison beginnt Ende Dezember und endet Anfang Mai. Ein spezielles Erlebnis sind Walbeobachtungen im Juli und August, wenn die Tiere in die Bucht kommen, um ihre Jungen zur Welt zu bringen.

Auch vom Osten her, von Antalaha aus, kann die Halbinsel erforscht werden. Antalaha ist die Vanille-Hauptstadt der Welt und Provinzhauptort. Etwa 50 km südlich liegt der östlichste Zipfel Madagaskars «Cap Est», wo es noch unberührte paradiesische Strände gibt mit vorgelagerten Korallenriffen. Von «Cap Est» aus können schöne Exkursionen ins Innere von Masoala geplant werden (z.B. zum grossen Bevontsira Wasserfall oder über die Berge nach Maroantsetra). Solche Exkursionen sind eindrückliche Erlebnisse, erfordern aber je nach den Wetterbedingungen bis zu einer Woche Zeit und eine gute körperliche Konstitution.

Die touristische Infrastruktur ist in Madagaskar und speziell in Masoala erst im Aufbau. Wer Masoala besucht, braucht Zeit, Verständnis für die lokale Bevölkerung, wird aber immer freundlich aufgenommen und mit einem wunderbaren Naturerlebnis belohnt. Air Madagascar fliegt mehrmals wöchentlich beide Städte von der Hauptstadt Antananarivo aus an. Mehr Informationen über einen Besuch des Masoala Nationalparks sind über die Internetseite www.masoala.org abrufbar.

Weitere Informationen zum Zoo Zürich und zum Masoala Regenwald finden sie auf der Zoo-Internetseite www.zoo.ch. Zur Wildlife Conservation Society und ihren Naturschutzprojekten in Madagaskar finden Sie Informationen unter der WCS-Internetseite www.wcs.org oder Sie schreiben WCS an: International Program, Bronx Zoo, 2300 Southern Blvd, Bronx, NY 10460, USA.

Engagieren Sie sich direkt mit der WCS und dem Zoo für die Erhaltung des Masoala Nationalparks, werden Sie ein Freund des Masoala Nationalparks (Informationen beim Zoo Zürich, Zürichbergstrasse 221, CH-8044 Zürich, Switzerland, www.masoala.ch) oder leisten Sie einen persönlichen Beitrag zur Erhaltung unseres Naturerbes und spenden Sie für den Nationalpark Masoala in Madagaskar! Kontaktieren Sie den Zoo Zürich oder die WCS über die oben genannten Adressen oder leisten Sie eine direkte Zahlung mit Vermerk «Masoala» auf das Konto 699280-11 4865 bei der Credit Suisse Zürich Rathausplatz (IBAN CH38 0486 5069 9280 1100 0).

Bild Seite 140: Handwerksarbeit aus Masoala wird im Zoo Zürich verkauft und ermöglicht der Bevölkerung in Masoala ein Einkommen. Dies ist eine Form, wie der Nationalpark den Einheimischen auch kurzfristig einen spürbaren Vorteil bringen kann.

© Copyright 2003 Zoo Zürich und Th. Gut Verlag, 8712 Stäfa
Layout: Paul Brühwiler, 6006 Luzern
Satz, Lithos, Druck: Zürichsee Druckereien AG, 8712 Stäfa
Der Druck erfolgte auf: Luxo Satin halbmatt, 135 gm^2
ISBN 3-85717-155-3

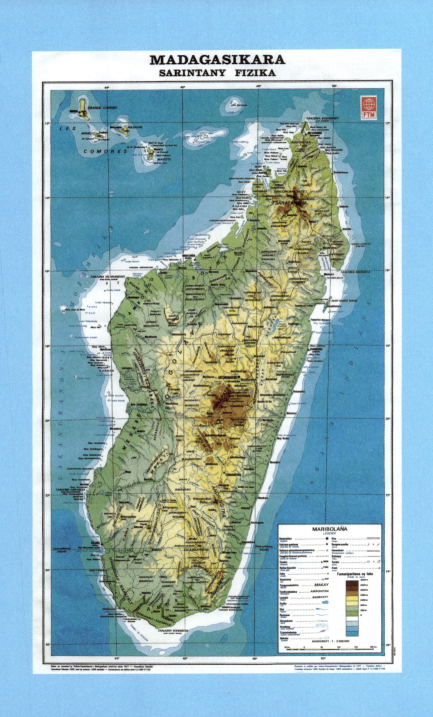